Discover

ナチュラル洗剤で

安心・ラクチン おそうじ虎の巻

ハンディ版

ナチュラルクリーニング講師
本橋 ひろえ

はじめに

「ナチュラル洗剤でおそうじ」と聞いて、皆さんはどのようなおそうじを想像されるでしょうか?
「手肌に優しい」「環境に優しい」、でも「面倒くさそう」「あまり汚れが落ちないのでは?」

そんなイメージをお持ちの方が多いかもしれません。

本書でご紹介するナチュラルクリーニングは、食材としても活用できるような、安全なものを使ったおそうじ法です。

「手肌に優しい」「環境に優しい」のは当たり前。

安心・安全なものを使うことで、洗剤をしっかり洗い流したり、拭きとったりするひと手間が必要なくなります。

面倒くさいどころか、手抜きそうじにピッタリです。

また、洗剤の性質を覚え、汚れの種類を見極めることで、汚れをきちんと落とすことができます。

おそうじは化学です。その基本的なルールさえ理解すれば、汚れに適した洗剤を選ぶことができるようになります。

本書で扱う洗剤は重曹、石けん、クエン酸、アルコール、そして過炭酸ナトリウムの5種類。それぞれの性質と汚れの関係を覚えれば、場所別にたくさんの洗剤を揃える必要はなくなります。

私はおそうじが苦手だったばかりに、少しでもラクに手間をかけず、力を入れずキレイにすることばかり考えてきました。その結果わかったのは、手早く、ラクにキレイにするには、強い洗剤を買い揃えるよりも、汚れに適した洗剤選びのルールを押さえるのが近道ということです。

この本をきっかけに、おそうじを楽しめるようになっていただけたら嬉しいです。

本橋　ひろえ

ハンディ版

ナチュラル洗剤で 安心・ラクチン おそうじ虎の巻

—目次—

Part 1

そうじの基本

そうじが苦手な人も基本の3か条さえ押さえておけば、普段より断然ラクにそうじができるようになります。また、ナチュラルクリーニングで使う洗剤それぞれの特性を知っておくことで、より効率的に汚れを落とすことが可能です。そうじへの苦手意識を取り除いて、毎日楽しくそうじに取り組みましょう！

そうじの基本

基本❶

そうじは上から下へ、
奥から手前へ動かす

基本❷

そうじは毎日！
汚れはためない

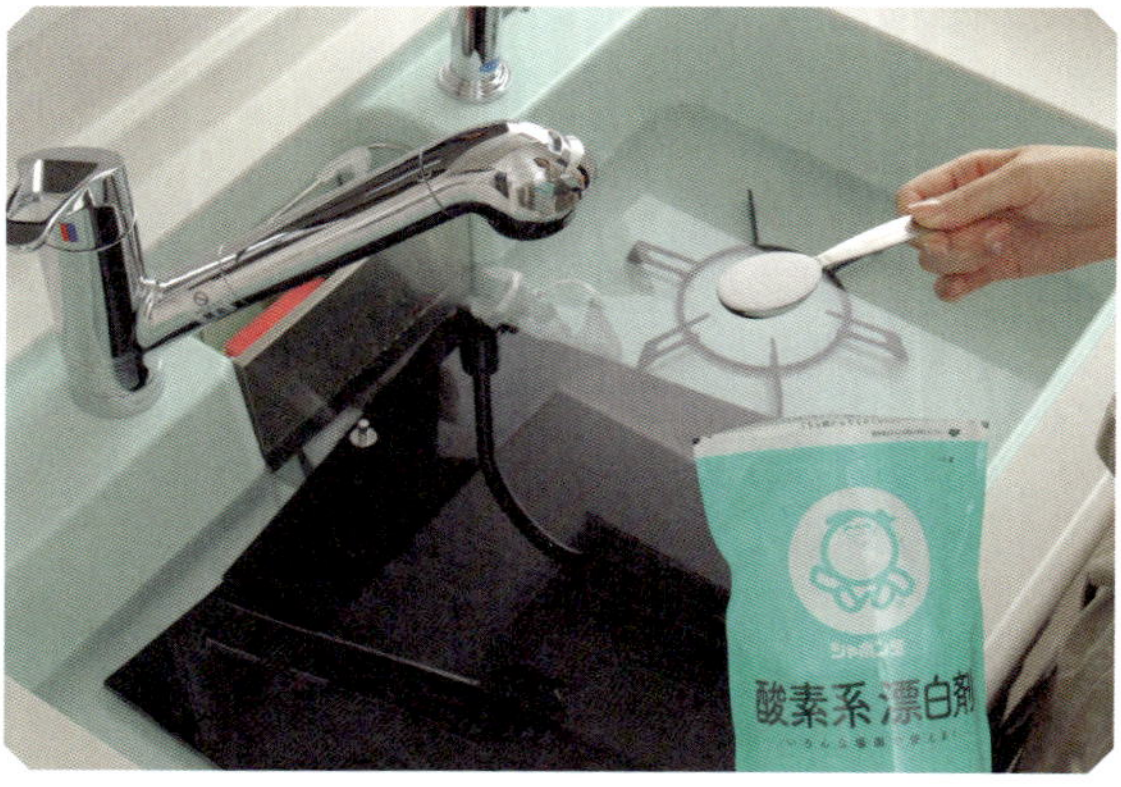

基本❸

汚れと洗剤には
相性がある

〈汚れと洗剤の相性チェック〉

汚れは酸性とアルカリ性に分類できます。
酸性の汚れにはアルカリ性の洗剤、
アルカリ性の汚れには酸性の洗剤を使うことで、
たいていの汚れは落とすことができます。

酸性の汚れ ← アルカリ性洗剤

アルカリ性の汚れ ← 酸性洗剤

青…アルカリ性／赤…酸性

汚れ	性質		効く洗剤
油汚れ	酸性	←	重曹、石けん、過炭酸ナトリウム
生ゴミなどの腐敗臭	酸性	←	重曹
湯アカ	酸性	←	重曹
体から出る汚れ	酸性	←	重曹（水の使えない場所はアルコール）
水アカ	アルカリ性	←	クエン酸
石けんカス	アルカリ性	←	クエン酸
アンモニア臭	アルカリ性	←	クエン酸
タバコのヤニ汚れ	酸性	←	重曹

ナチュラルクリーニングとは？

皆さんは、普段のそうじに使っている「合成洗剤」の成分をご存じでしょうか？　毎日の暮らしと切り離せないからこそ、できるだけ安心かつ安全な素材と道具を使いたいもの。ナチュラルクリーニングは、そんな願いをかなえるそうじ方法なのです。

人にも地球にも優しいのに洗浄力も劣らない！

合成洗剤を一切使わないそうじ方法を、「ナチュラルクリーニング」といいます。ナチュラルクリーニングでは、重曹やクエン酸、石けんなど、元々自然界に存在する素材を使って家中をピカピカにできます。

ナチュラルクリーニングで使う洗剤は、食用に使われているものもあるので環境に優しく、なおかつ手肌に触れても安心です。したがって、風呂釜など肌に触れる場所でも、多少洗い流しが残っていてもあまり気にすることはありません。

環境に優しい洗剤は合成洗剤より洗浄力が弱いのではないか、という心配もあるでしょう。確かに重曹はギトギトの油汚れに弱いなど、すべての汚れに万能ではありません。それぞれの洗剤には、得意な汚れと苦手な汚れがあり、その特性を知ることがナチュラルクリーニングの第一歩です（詳しくはP９図参照）。

本書で取り扱うナチュラルクリーニングの洗剤は、重曹、石けん、クエン酸、アルコール、そして過炭酸ナトリウムです。この5種類の洗剤をそれぞれの特性に合う汚れに駆使すれば、たいていの場所はキレイになります。また、つけ置きや水温などで洗剤の力をより高めることで、強い洗剤は必要なくなるのです。

トイレはトイレ用洗剤など、場所に合わせた洗剤をいちいち買う必要がないので、経済的にもメリットがあります。また、用意するものが少なくなるので、家の中がスッキリ片づくでしょう。

エコなうえに、メリットばかりのナチュラルクリーニング。本書で基本を押さえたら、自分のライフスタイルに合う活用法を探してみるのも楽しいかもしれません。

ナチュラルクリーニングの３つのメリット

安　安心、安全、経済的

食用にも使える重曹をはじめ、ナチュラル洗剤は手肌に触れても安心。また、そうじ場所ごとに洗剤を替える必要がないので経済的です。

楽　手抜きそうじOK

合成洗剤だとそうじ後に洗剤が残って、結局最後に水拭きをしなければいけないことに。ナチュラルクリーニングなら水拭き不要でラクチンです。

早　手早くキレイに

ナチュラルクリーニングは、丁寧に時間をかけて行うイメージがありますが、汚れに合った洗剤を正しく使えば、さっぱりと手早くキレイになります。

おそうじ７つ道具

最低限用意しておきたい基本のそうじグッズ。ナチュラルクリーニングはこれらの道具と組み合わせることで、より力を発揮します。また、この基本の７つ道具に加えることで、もっとそうじがはかどる6アイテムをご紹介。すべて簡単に手に入るものばかりですから、そうじする前に必ず用意しておきましょう。

①スプレーボトル

スプレーしやすいトリガータイプがおすすめ。洗剤が入れられる素材を選ぶ。見分けがつくよう、種類に合わせて名称のラベルを貼ったり色を変えたりするとわかりやすい。

②ブラシ

便器や風呂場の床などをこすり洗いするときに使う。便器そうじに使う場合は、ブラシの柄が長いものを選んだほうがよい。

③マイクロファイバークロス

一般的なぞうきんよりも、極細の化学繊維で作られているので、細かいゴミもとりこぼさない。仕上げ拭きにおすすめ。

④メラミンスポンジ

メラミン樹脂製のスポンジのこと。洗剤なしの水だけで汚れが落ちるのが特徴。主にシンクなどの水まわりのそうじに使う。

⑤水切り

スクイージーともいう。窓ガラスのそうじに使う道具で、水分や汚れをキレイに拭きとることができる。

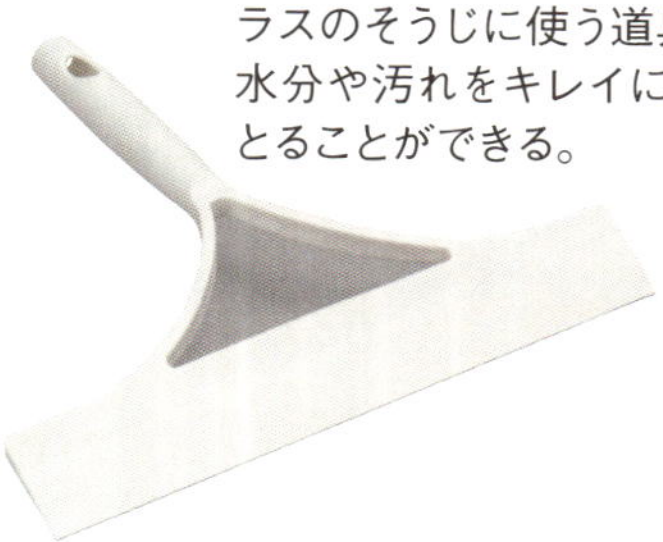

⑥キッチンペーパー

キッチンでは用途はさまざまだが、ここでは水アカを落とすためのクエン酸パックや、水気を拭きとるためなどに使われる。

⑦ラップ

ここでは、排水口のそうじで水をせき止めるときに使う便利なアイテムに。乾燥の早い季節にはキッチンペーパーで行うクエン酸パックなどの代わりになる。

あると便利！ 6アイテム

【手ぼうき＆ちりとり】

ちょっとしたそうじに最適な手持ちのほうきとちりとりのセット。ここではカーペットのそうじなどに使う。

【サンドペーパー】

研磨加工する際に使われる工具。ここでは主に、鏡の水アカをとるのに使う（本書では耐水性を使用）。

【アクリルたわし】

アクリル100％でできている。洗剤なしで洗浄でき、また好きな布で手作りすることも楽しめる。

【ヘラ】

もんじゃ焼き用のヘラ。割り箸と同様に化学ぞうきんに包んでこすり、汚れを落とす。

【細いブラシ】

風呂場のタイルの目地やドアのサッシなど細いところに使うブラシ。換気扇のフィルターなどにも。

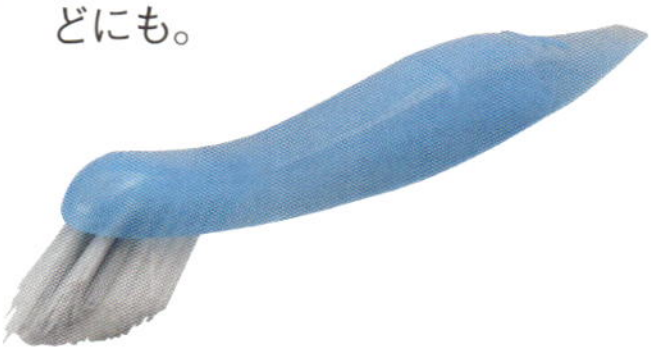

【割り箸】

サッシの隅やタイルの目地など、細いところをそうじするのに使う。化学ぞうきんなどに包んで使う。

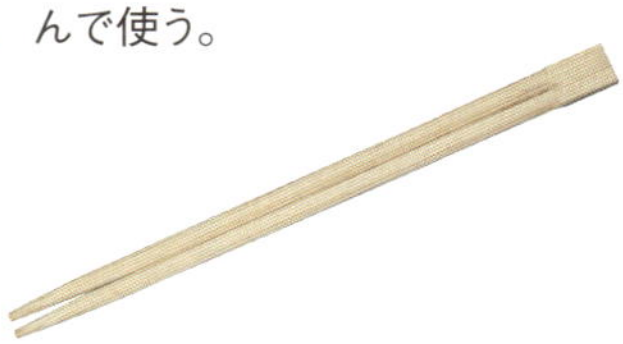

◉ *DATA*

- 一般名：重曹、炭酸水素ナトリウム、重炭酸ソーダ
- pH：8.2※
- 性質：ごく弱いアルカリ性

重曹

重曹とは？

体にも環境にも優しく幅広く使える

「炭酸水素ナトリウム」「重炭酸ソーダ」とも呼ばれ、弱アルカリ性の洗剤です。膨らし粉など食用にも使われていて安全性が高いこと、元々、自然界に存在する物質であることから、使用後も環境への負荷が低いことなどが魅力です。

　また、濃度さえ気をつければ二度拭きが不要なので手が抜けてラクです。広範囲のそうじに向いています。

　重曹は、クレンザーの代わりとしてこびりついた汚れやカビなどを落とせます。ほとんどの汚れは酸性であるため、アルカリ性の重曹を使うと中和、分解することができるので効果的です。同様に腐敗臭などのイヤな臭いも酸性なので、臭いの元にまぶすことで消臭効果もあります。

　ただし、古く固くなった油汚れを洗浄する力は強くなく、またトイレのアンモニア臭などのアルカリ性の臭い消しには向いていません。

苦手なこと

- ✕ ウールや絹といった素材の洗濯や漂白
- ✕ 色落ちしやすい衣類の洗濯や漂白

得意なこと

- ◎ 粒子が細かく、水に溶けにくいのでクレンザーとして使える
- ◎ 発泡作用で汚れをはがす
- ◎ 酸性物質の臭い消し
- ◎ 鍋などの焦げ落とし

重曹水の作り方

重曹は水に溶けにくいので、40℃のお湯を1カップ用意し、小さじ½の重曹を入れて溶かす。溶かしたら、スプレーボトルに入れる。この濃度を守らないと白い粉が出てしまうので注意。

注意

- 漆器やプラスチックなどの柔らかい素材は傷がつきやすいので、粉末のままではNG（重曹水ならOK）
- 畳は変色してしまうのでNG

重曹Q&A

Q そうじ用の重曹をそのまま料理に使ってもいいの？

A 調理用の重曹はそうじにも使えますが、その逆はできません。どちらともホームセンターなどで簡単に手に入ります。

Q 重曹はどうやって保管するの？

A 湿気を吸うと固まることがあるので、しっかり蓋が閉まる容器で保管します。容器は冷暗所に置いておきましょう。

※pHは酸性、アルカリ性の度合いを示す目盛り（0〜14）。pH7が中性でそれより小さければ小さいほど酸性の度合いが強く、大きければ大きいほどアルカリ性が強い。

基本的な使い方

クレンザーとして

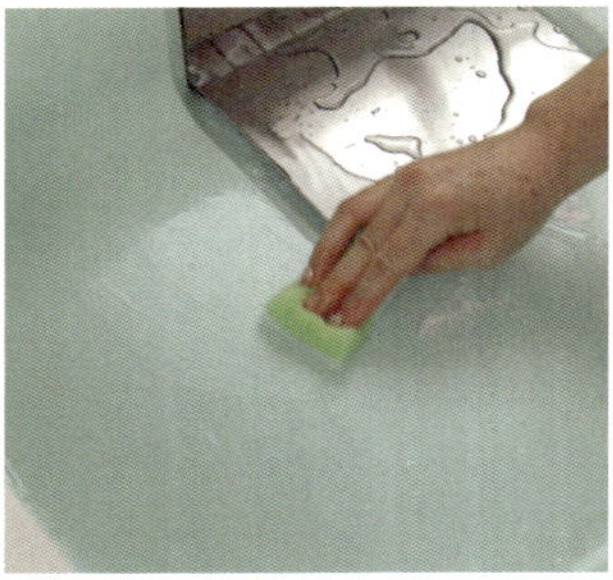

シンクのぬめりや油汚れなどは、重曹をまぶしてスポンジで洗う。

茶渋・焦げ落としに

コップなどにこびりついた茶渋や鍋底の焦げは重曹を振りかけて、スポンジなどでこするとキレイに落ちる。食器は重曹を溶かした湯につけておくと、食器洗いがラクにできる。

【粉のまま】

コンロの汚れに

軽い油はねは重曹水をスプレーして、マイクロファイバークロスで拭きとる。

床や窓に

フローリングをしっかりそうじしたいときは、重曹水をたくさん作り、それをマイクロファイバークロスに浸して拭く。また、外側の窓には重曹水をスプレーして、水切りスクイージーで拭きとる。

【重曹水で】

その他の使い方

【ペットに】

臭い消しとして
ペットトイレのアンモニア臭にはクエン酸が効果的だが、小屋やケージの四隅や敷き砂の下に敷いておくと、ペットの臭い消しに。

【入浴剤として】

重曹を湯に入れると、血行を促進するはたらきがある。湯船には、カップ½くらいの重曹を入れるのが目安だが、肌質によってそれぞれ個人差があるので最初は少なめに入れるとよい。

【歯みがき粉として】

重曹には研磨作用があるので、研磨剤が入っている歯みがき粉と同じように使える。ただ、みがきすぎると歯や歯ぐきを痛めてしまうので優しくみがくのがポイント。お好みでハッカ油をたらしても。

重曹＋クエン酸でバスボム

用意するもの

重曹…大さじ2
クエン酸…大さじ1
コーンスターチ（または片栗粉）
…大さじ1
ハチミツ…適量

作り方

①粉類を混ぜ、しっとりするまでハチミツを入れて混ぜる。
②全体が湿り、ギュッと力を加えて固まるようになったら型に入れてしっかり押し固める。
③形を崩さないよう気をつけてとり出し、半日〜1日くらい乾燥させる。
④できあがったら乾燥剤を入れた密閉容器で保存する。

石けん

石けんとは？

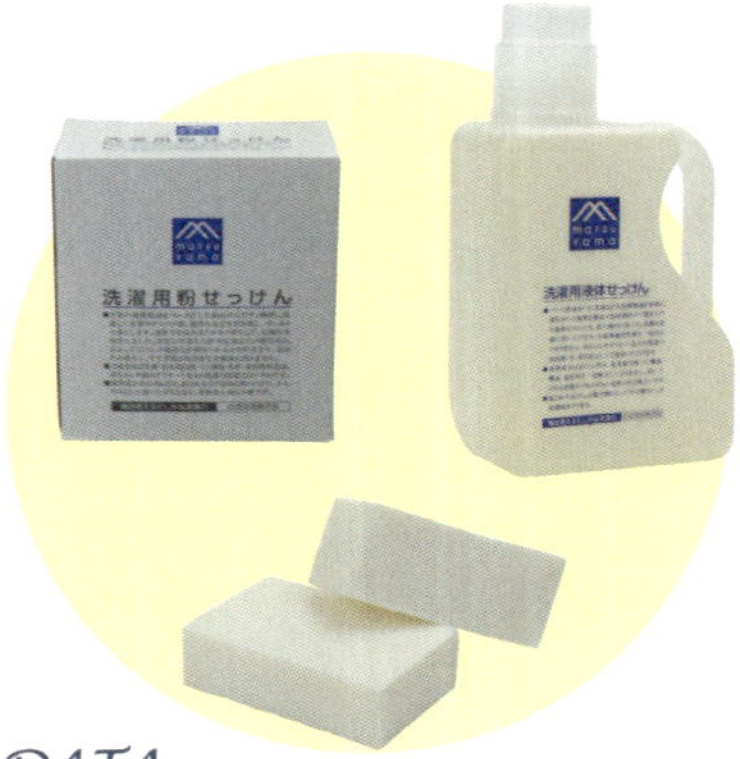

◉ *DATA*

- pH：8 ～ 10
- 性質：弱アルカリ性

泡で汚れを落とす！ 頼れるナチュラル洗剤

石けんは天然の油脂とアルカリというシンプルな素材で作られていて、油汚れを乳化して落とします。

合成洗剤との違いを見分けるコツは、商品のパッケージの品名に「○○用石けん」、原材料名に「脂肪酸ナトリウム（カリウム）」と書かれているかどうかです。

石けんは油からできているため、油に戻る性質があります。キッチンや風呂場など水ですすげる場所で使うとよいでしょう。

得意なこと

◎ コンロの煮洗い
◎ ダウンコートの袖口の黒ずみなど大物の洗濯

苦手なこと

× 酸性の汚れがついた食器洗い
× ためすすぎ

石けんQ＆A

Q 石けんは合成洗剤より洗浄力が弱い？

A そのようなイメージがありますが、石けんは合成洗剤と同じくらいの洗浄力があります。ただし、酸性の汚れ（食器についたソースなど）を落とすのはあまり得意ではないので、水である程度落としてから洗います。

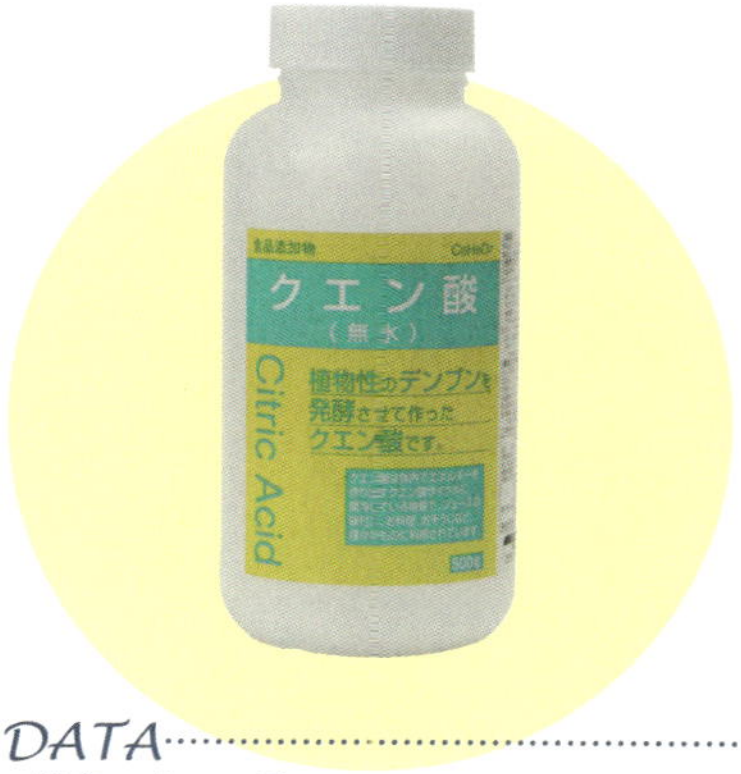

◉ DATA
- 一般名：クエン酸
- pH：2.1
- 性質：酸性

クエン酸

クエン酸とは？

水アカや石けんカスなど水まわりの汚れに酸が効く

クエン酸はその名のとおり、梅干しやかんきつ類の「酸っぱさ」の元である「酸」です。調理用のお酢のような独特の臭いがしないので、そうじ用として大変使いやすい洗剤です。

クエン酸は酸性の洗剤なので、アルカリ性の汚れや臭いに強く、シンクなどの水まわりに発生する水アカや石けんカス、トイレのアンモニア臭やタバコの臭い消しなどに効果的です。電気ケトルの底にできる白い水アカもさっぱり落とせます（P52参照）。

そうじ以外にも柔軟剤の代わりや、石けんシャンプーの後のリンスとして使われるなど、使い方はさまざまです。

ただ、油やたんぱく質など酸性の汚れや臭いには効きません。アルカリ性の重曹などを使ったほうがよいでしょう。

また、クエン酸は酸が強いので、残しておくと素材を傷める可能性があります。使い終わったらしっかり洗い流すよう注意します。

得意なこと

◎ 水アカなどアルカリ性の汚れ落とし
◎ アンモニア臭や魚、タバコの臭い消し
◎ 抗菌作用
◎ 石けん洗濯の仕上げ

苦手なこと

✕ 油脂やたんぱく質など酸性の汚れ落とし
✕ 酸性の臭い消し

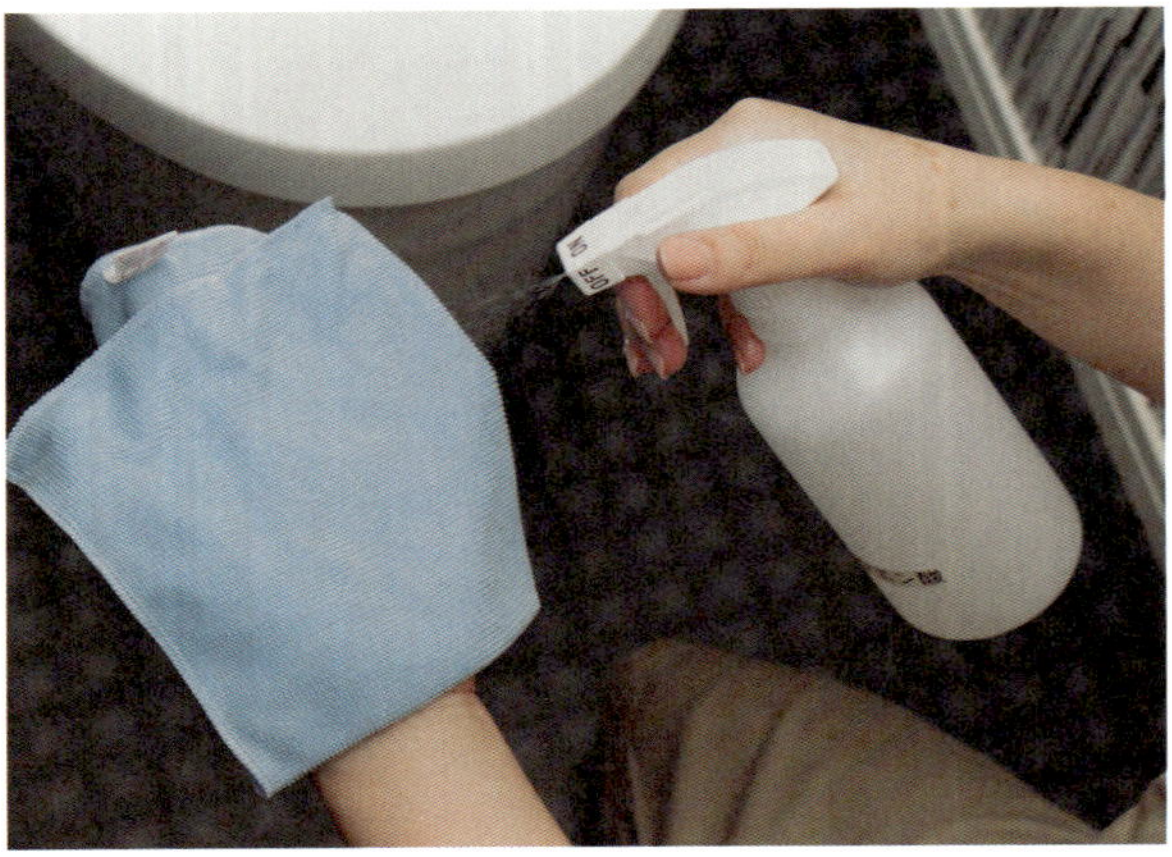

＊＊＊クエン酸水の作り方＊＊＊

クエン酸は重曹と違って簡単に水に溶ける。水1カップに対してクエン酸は小さじ½。水に入れて混ぜ、溶かしたらスプレーボトルに入れて完成。

注意

- 塩素系の洗剤と混ぜると有毒ガスが発生するので絶対にNG
- 大理石や鉄などの素材に使うのは避ける
- 目に入ると強い痛みがあるのですぐ洗い流す

クエン酸Q&A

Q お酢とクエン酸はどんなところが違うの？

A お酢と違って刺激臭がしません。ただし、お酢のような揮発性がないので、使用後はしっかり水拭きする必要があります。

Q クエン酸を使ってはいけない素材には何がある？

A 大理石の主成分は炭酸カルシウムなので酸で溶けてしまいます。また、鉄はさびやすくなるので避けましょう。

基本的な使い方

食洗機の洗浄

専用の洗剤を使わなくても、クエン酸で水アカが落ちる。

パイプクリーニング

排水口の流れが悪くなってきたら、パイプをそうじ。重曹は酸と合わせると炭酸ガスが発生する。排水口に重曹を振りかけ、湯に粉末のクエン酸を溶いて流し、泡の力で詰まりを解消させる。

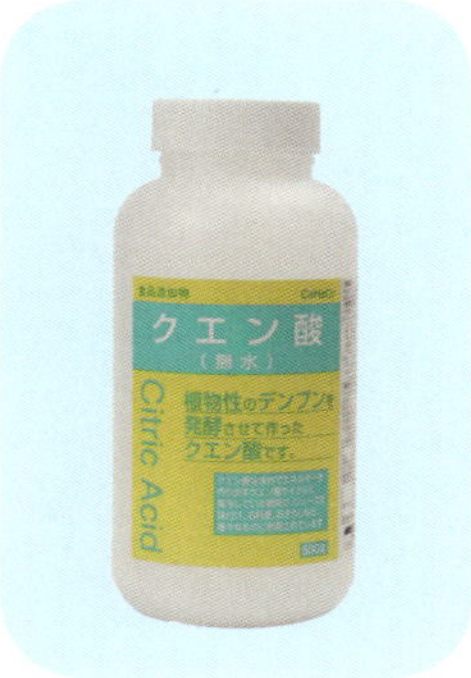

【粉のまま】

洗面台の水まわりに発生する水アカや石けんカスにもクエン酸が効く。

水アカの撃退に！

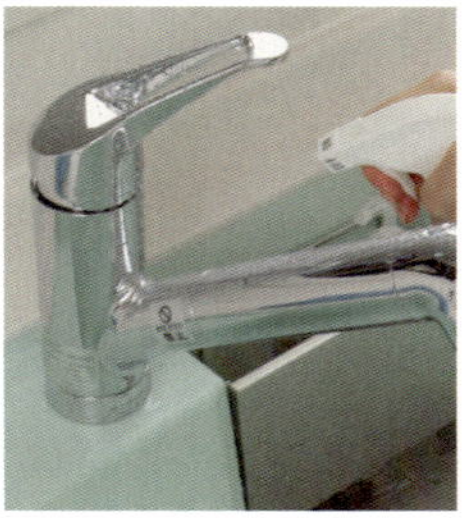

水アカで白くなってしまう前に。サビ予防に拭き上げが必要。

【クエン酸水で】

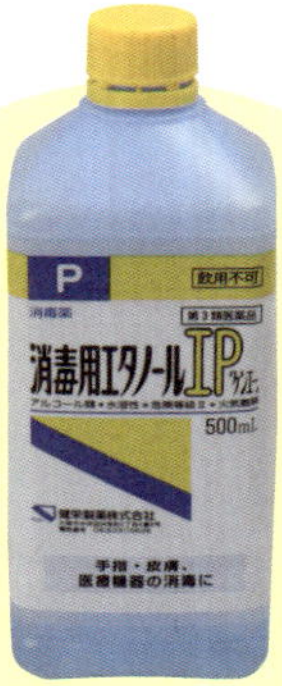

◉ DATA
- 一般名：エタノール、エチルアルコール
- pH：約7
- 性質：中性

アルコール

アルコールとは？

水の使えない場所などをしっかり殺菌しよう

飲料と同じアルコールが使われているので、安心して幅広く使うことができます。揮発性があるので後に残らず、重曹同様、二度拭きの必要がありません。

　殺菌、消毒作用がともに高く、医療の現場で広く使われています。アルコールには水分をほぼ含まない「無水エタノール」と薬局などで一般的に売られている「消毒用エタノール」があります。無水エタノールは比較的高価なので、消毒用のほうがおすすめです。

　アルコールは身のまわりのものを広く除菌することができます。また、揮発性があるので水の使えない場所でのそうじに大変有効です。家電の手入れやコンセントまわりなどのほか、カビが生えやすい押入れなどに使うとよいでしょう。

　溶解作用もあるので、油性ペンの汚れ、シールのベタつきなどをキレイに落とすこともできます。

得意なこと

◎ カビが生えやすい場所のそうじ

◎ 水の使えない家電製品、コンセントまわりのそうじ

◎ 油汚れや皮脂汚れ

苦手なこと

✕ 衣類の汚れ落としなどの日常的な洗濯

✕ ニスやワックスを塗装した家具への使用

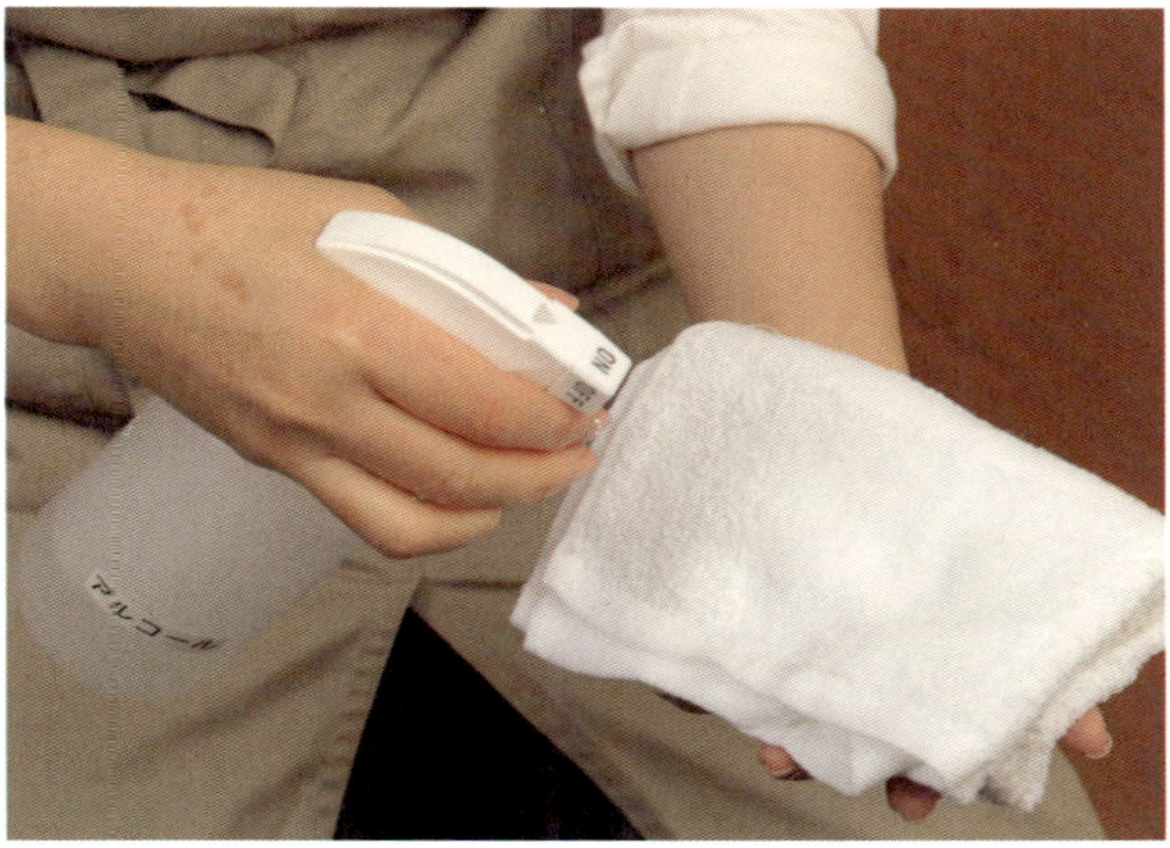

＊＊アルコール水の作り方＊＊

水110mlにアルコール90mlを入れて、合わせて200mlになるようにする（濃度35％に薄める）。**先にアルコールを入れると容器が傷むので、必ず水を入れてからにする。**混ぜたらスプレーボトルに入れる。

注意

- 引火性があるので、火気を近づけると危険
- 揮発性が高いので、使用するときは換気することを忘れずに
- 頻繁に使うと手が荒れるので手袋を着用する

アルコールQ＆A

Q アルコールを使わないほうがよい素材は？

A ニスで塗装した家具やワックスがけした床に使うと、ニスやワックスが溶けてしまうことがあります。

Q そのまま手肌に使っていいの？

A 石けんで手肌の汚れを落としてからなら、そのまま使ってもかまいません。ただ、使いすぎると脱脂作用で手が荒れることがあります。

基本的な使い方

【アルコール水で】

防カビに

風呂場は、重曹で汚れを落としてからアルコール水をひと吹きするとよい。

畳の手入れに

畳は水が使えないので、固く絞ったぞうきんにアルコール水をかけて拭く。

水の使えない場所に

押入れは湿気が多くカビが発生しやすいので、水が使えない。乾いたぞうきんにアルコール水をかけて拭く。

POINT

アルコール水で家電の手入れを

冷蔵庫などのキッチン家電をはじめ、テレビ、パソコンなどたいていの電化製品はアルコール水を吹きかけたぞうきんでサッと拭くだけでキレイになります。

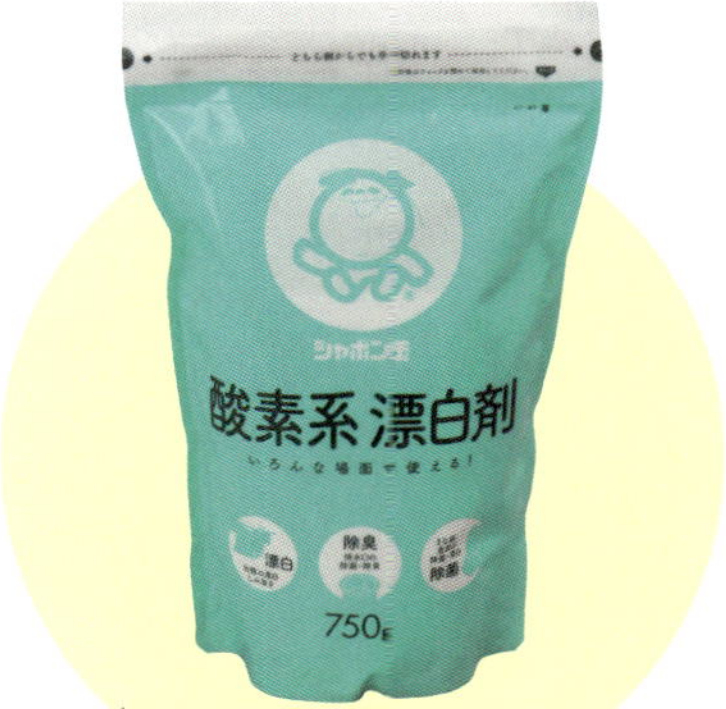

◉ DATA
- 一般名：過炭酸ナトリウム、過炭酸ソーダ
- pH：10 ～ 11
- 性質：弱アルカリ性

過炭酸ナトリウム

過炭酸ナトリウムとは？

発泡作用で汚れを落とす

炭酸ナトリウム（炭酸ソーダ）と過酸化水素を2対3の割合で混ぜ合わせた物質で、店頭では「酸素系漂白剤」という名前でよく売られています。その名前のとおり、衣類や食器の漂白には大変有効です。

またアルカリ度が高いため、強い洗浄力があります。重曹ほど強くありませんが、水分と反応すると発泡する作用で排水口やコンロなどの汚れを落とすのに使えます。

特に力を発揮するのが洗濯槽のそうじで、湯とともに入れておくと、ごっそりと汚れがとれます。

それ以外にも酸化力があるため、除菌や消臭剤としても利用することができます。洗濯や漂白にも使え、泥汚れもキレイに落とせます。ただしウールは素材を傷めてしまうためNGです。

アルカリ度が高い分、肌が弱い人は手袋を着用したほうが安心です。万が一、目や口に入ってしまったらすぐに水で洗い流しましょう。

得意なこと

◎ 衣類や食器の漂白

◎ 排水口や洗濯槽などを、発泡力を利用してきれいにする

◎ 洗濯物の除菌や臭い汚れを落とす

◎ 鍋などの焦げ落とし

苦手なこと

✕ ウールや絹などの素材の洗濯や漂白

✕ 色落ちしやすい衣類の洗濯や漂白

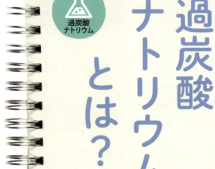

基本的な使い方

シャワーホースのカビに

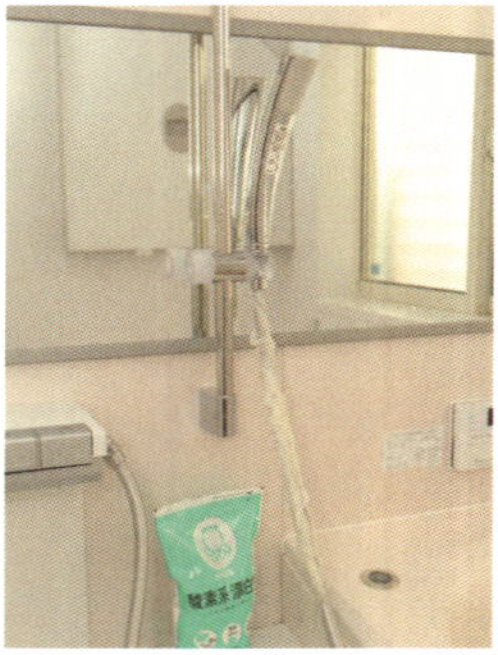

シャワーホースのカビには過炭酸ナトリウムパックが効果的（パックのやり方はP34を参照）。

衣類の洗濯や漂白

木綿や麻、化学繊維などたいていの衣類の洗濯と漂白はできる。ただ、ウールや絹などたんぱく質の繊維、木製ボタンなど自然素材の飾りやボタンがついた衣類への使用はNG。

【粉のまま】

換気扇や五徳のつけ置きに

60℃くらいの熱湯をためる。中にコンロと大さじ1の過炭酸ナトリウムを入れる。

排水口に

排水口をふさいで過炭酸ナトリウムを小さじ1入れる。熱湯を注いで冷めるまでそのまま置く。

洗濯槽のそうじに

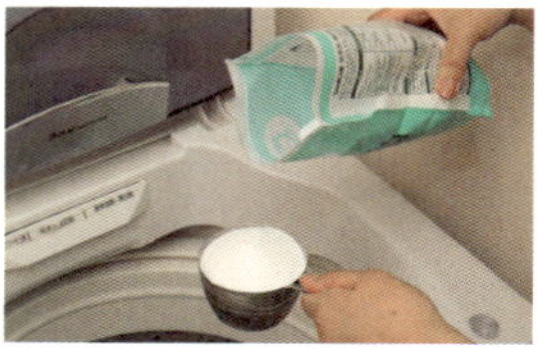

過炭酸ナトリウムを1カップ入れ、50～60℃の湯を最大量入れる。

注意

- 草木染めやウールなどの素材には使えない
- 手荒れする危険性があるので、ゴム手袋を使用する

過炭酸ナトリウム Q&A

Q 過炭酸ナトリウムの保管方法は？

A 過炭酸ナトリウムは水分と反応すると炭酸ソーダになってしまい、漂白力を失います。水気を避けて保管しましょう。また、長期間完全な密封状態で保管すると、過酸化水素によって容器が変形したり、破損したりする可能性がまれにあります。市販品は通気性のある袋に入っているので心配いりません。

Part 2

大そうじをしよう！

毎日の暮らしを快適に過ごすためには欠かせないそうじ。とはいえ、つい後まわしにして、汚れがたまってから一気に片づけようとしてしまいがち。しかし、「コツコツ毎日型」を心がけることによって、大そうじもスムーズに進めることができます。手肌にも環境にも優しく、手軽に使え、家事のついでに少しずつできるナチュラルクリーニングは、大そうじにもおすすめです。

いつもよりしっかり大そうじする

しっかり大そうじのポイント

POINT 1 普段のそうじ時間を把握する

大そうじでは、普段のそうじより手間をかけてしっかり行うので、ひとつの作業に時間がかかります。普段から1か所のそうじにどのくらい時間がかかるか、把握しておくとよいでしょう。大そうじのときだけでなく、日々のそうじでもすきま時間の有効利用につながります。

POINT 2 そうじする場所をリスト化する

そうじが必要な場所をチェックリストにすると、うっかり忘れることがなくなります。リストには「浴室」などの場所と、その場所の中で特に集中的に汚れを落としたい場所を書くとよいでしょう。集中的に行う場所は、毎日のそうじより細かくチェックし、普段できないようなところやうっかり放置してしまった汚れを、思いきってキレイにしてしまいましょう。

POINT 3 道具を揃える

大そうじに必要な道具は事前に揃えておきます。特に、メラミンスポンジやブラシ、マイクロファイバークロスなど基本的なアイテムは常備しておくのが大切です（詳しくはP12～13参照）。100円ショップなどで手軽に手に入ります。

POINT 4 効率よくそうじする

しっかり大そうじするときは、こびりついたがんこな汚れを落とすことがほとんど。つけ置きをしたり、クエン酸などでパックしたりして、時間をかけてキレイにすることが多くなります。その時間を利用して別の場所にとりかかるなど、効率よくそうじすることを心がけましょう。

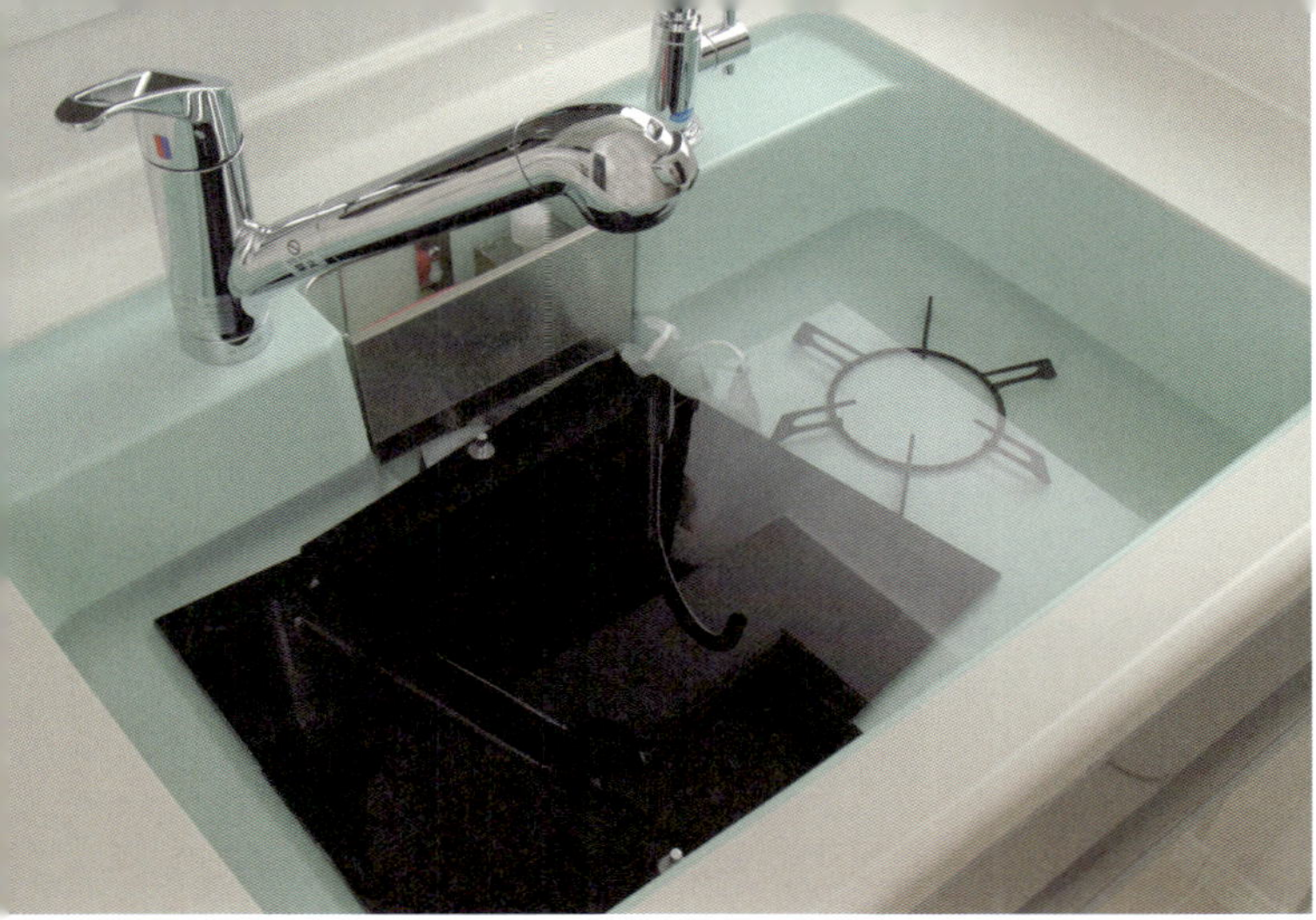

普段のそうじにひと手間加えて

普段できない場所もしっかりそうじ

普段から家事のついでにそうじすることが一番ですが、つい汚れを放置してしまったりして、なかなか完璧にはできないもの。時間をかけてしっかりそうじしたい場所があるときは、1日かけて大そうじする日を決めて、とりかかりましょう。

日にちを決めたら、時間を有効的に使うために、普段のそうじにどれくらい時間がかかるかを把握することが大切です。限られた時間で効率よくそうじしましょう。

そして、そうじする場所をリストアップします。リストには場所に加えて、「シャワーホースのカビ」など集中的にキレイにしたい部分も併せて書きます。

30ページに「書き込み式大そうじ計画表」を載せています。「特にそうじしたいところ」の欄には、前述した集中的にそうじしたい部分を、「予定日」の欄には大そうじする予定日を、「実施日」の欄には大そうじを実行した日を書き込みましょう。大そうじにぜひ活用してみてください。

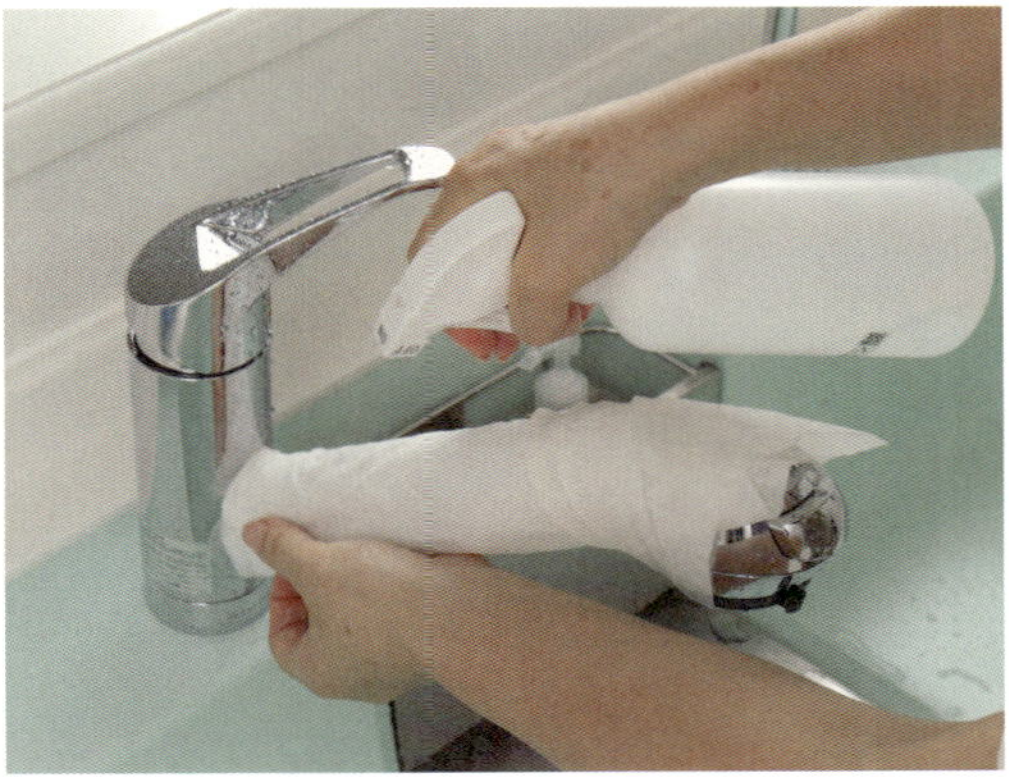

〈書き込み式大そうじ計画表〉

	特にそうじしたいところ	予定日	実施日
キッチン冷蔵庫			
食品庫			
食器棚			
シンク上			
シンク下			
換気扇			
コンロ			
窓ガラス			
サッシ			
カーテン			
浴室・浴槽			
壁・床			

キレイを維持するコツ

毎日、ピカピカな家で過ごすにはどうしたらいいのでしょう。あまりそうじが得意でない人にとっては縁遠いことのように思えるかも知れません。しかし、毎日のちょっとしたコツで誰にでも「キレイ」は維持できるのです！

コツ1

そうじグッズを揃える

効率よくそうじができるよう、たいていのそうじグッズはあらかじめ用意しておきます。割り箸やヘラなどのアイテムもあると便利です（Ｐ12〜13参照）。ただし、闇雲に買うのではなく、お気に入りのものを厳選したほうが部屋もスッキリします。

コツ2

毎日の家事のついでにそうじする

毎日そうじするのは気が重くても、家事のついでに行えば重労働ではないはず。洗い物の後にシンクをひと拭きするなど、ひと手間加えるだけで毎日キレイを保つことができます。毎日の積み重ねが大切です。

コツ3

部屋ごとにそうじアイテムを置く

目についたときすぐそうじができるよう、部屋ごとにそれぞれのそうじアイテムを用意しておきます（アイテムはＰ12〜13を参照）。

ナチュラルクリーニングでは、使う洗剤の容器を自由に選べるので、部屋のインテリアに合わせて容器を選ぶと、収納するのも楽しくなります。

すぐそうじする癖をつけることが、キレイな空間を維持するのにつながります。

コツ4

使ったものは必ず元の位置へ

部屋が汚くなってしまう要因のひとつは、ものを使用したまま片づけずに、その場に放置してしまうからです。一度使ったら必ず元の位置に戻すことを意識するだけで、部屋は驚くほどキレイになります。

また、ものが多いことが部屋の汚さに直結することも。あまり使用していないものは思いきって捨てることも大切です。ものの数を減らしてスッキリした生活を送りましょう。

コツ5

段どりを決めて効率よく

そうじは、基本的に「上から下へ、奥から手前へ」というのがルール。床と天井のときは天井から先に取りかかります。また、奥から手前へ動かせば隅に汚れがたまることはありません。

シンク

汚れポイント

- 水アカ
- ぬめり
- 油汚れ

重曹 ＋ クエン酸 で解決！

水アカにはクエン酸

シンクの主な汚れは水アカやぬめり、油汚れです。ぬめりや油汚れを落とすには重曹、水アカにはクエン酸を利用します。クエン酸は水アカの原因である炭酸カルシウムを落とすはたらきがあるため、水まわりそうじの必需品です。

おそうじSTEP！

粉末重曹をまいて拭きとるようにみがく。しっかりと洗い流す。

残った水アカはクエン酸水をスプレーし、ぞうきんで拭きとる。

POINT

水気はしっかり拭く

最後はしっかりと乾拭きしましょう。水気が残っているとそこから水アカができてしまいます。

汚れ別洗剤チェック！

水アカ → **クエン酸**

ぬめり → **重曹**

蛇口

汚れポイント

- 水アカ

クエン酸で解決！

クエン酸パックでぬめりとり

蛇口もシンク同様、主に水アカ汚れが気になる場所です。できたばかりの汚れや軽いものであった場合は、クエン酸水をスプレーして拭きあげる方法で十分ですが、時間が経って落ちにくくなった汚れには「クエン酸パック」が有効です。

クエン酸水をスプレーしてからキッチンペーパーで包み、その上からもう一度クエン酸水をスプレーするだけの方法です。そのまま5分ほど置いておくと汚れが緩み、落としやすくなります。

おそうじSTEP！

蛇口全体にクエン酸水をスプレーする。

キッチンペーパーで包み、もう一度クエン酸水をスプレーし定着させる。

キッチンペーパーをはがし、水に浸して絞ったぞうきんで拭きとる。

乾いたキッチンペーパーでしっかりと水気が残らないように再度拭きあげる。

排水口

汚れポイント

- ぬめり
- 黒ずみ

過炭酸ナトリウムで解決！

湯と過炭酸ナトリウムでつけ置き

手の届く範囲や取り外せる部品はスポンジやブラシでこすり洗いできますが、手の届かない部分のそうじは怠りがち。そうじをしても汚れがそのまま残ってしまうことが多いでしょう。

排水口をラップなどでせき止め、過炭酸ナトリウムと湯でつけ置きします。湯が冷めたころに水を流すだけでぬめりや黒ずみを簡単にとることができます。

おそうじSTEP！

取り外せる部品を外し、ラップと輪ゴムで排水口をふさぐ。湯を沸かしておく。

過炭酸ナトリウム小さじ1を入れる。

ゴムが外れないよう静かに沸かした湯を注ぎ、冷めるまでつけ置く。

汚れ別洗剤チェック！

排水口汚れ →

過炭酸ナトリウム

パイプクリーニング

汚れポイント

- つまり
- こびりつき

重曹 ＋ クエン酸 で解決！

重曹とクエン酸の反応で汚れを落とす

手の届かないパイプにこびりついた汚れを落とすには、重曹とクエン酸の化学反応を利用します。重曹をたっぷりかけた排水口の中に沸騰した湯に溶いたクエン酸を流すことで発泡反応が起き、泡が膨らんで配管の汚れをはがすので、パイプがキレイになります。シンクのほかに、洗面台などの排水口も同じ方法でそうじができます。水の流れが悪いと感じたら、パイプクリーニングを試してみましょう。

おそうじSTEP！

鍋に水を入れ、クエン酸大さじ２を加えて沸騰させる。

重曹½カップを排水口全体に振りかける。

②ではがれた汚れを流すため、湯を排水口に注ぐ。化学反応で起きた発泡が落ち着くまでつけ置く。

汚れ別洗剤チェック！

水アカ → **クエン酸**
ぬめり → **重曹**

換気扇

汚れポイント

- 油汚れ
- こびりつき

重曹で解決！

研磨剤代わりの重曹で汚れ落とし

日常的にそうじする機会があまりない場所ですが、換気扇にはたくさんの油が付着し、気づかないうちに汚れがこびりついてしまっていることがあります。取り外して洗えるフィルターなどは重曹を使ってこすり洗いをしていきます。重曹は研磨剤代わりに使用できることに加えて油汚れとの相性もよいので、レンジフードなどに重曹を染みこませたキッチンペーパーを貼りつければ、汚れが浮きあがり、ラクに落とすことができます。

おそうじSTEP！

油汚れがこびりついてる場所は重曹パックで汚れを浮かして拭きとる。

シンクに湯をためて、過炭酸ナトリウムを加えた中にフィルターを入れてつけ置きする。

フィルターは重曹を振りかけ、細いブラシでこすり洗いする。水で洗い流し、乾かす。

汚れ別洗剤チェック！

油汚れ → **重曹**
古い油汚れ → **過炭酸ナトリウム**

コンロ① 煮洗い

汚れポイント

- 油汚れ
- 煮こぼれ

過炭酸ナトリウム ＋ 石けん で解決！

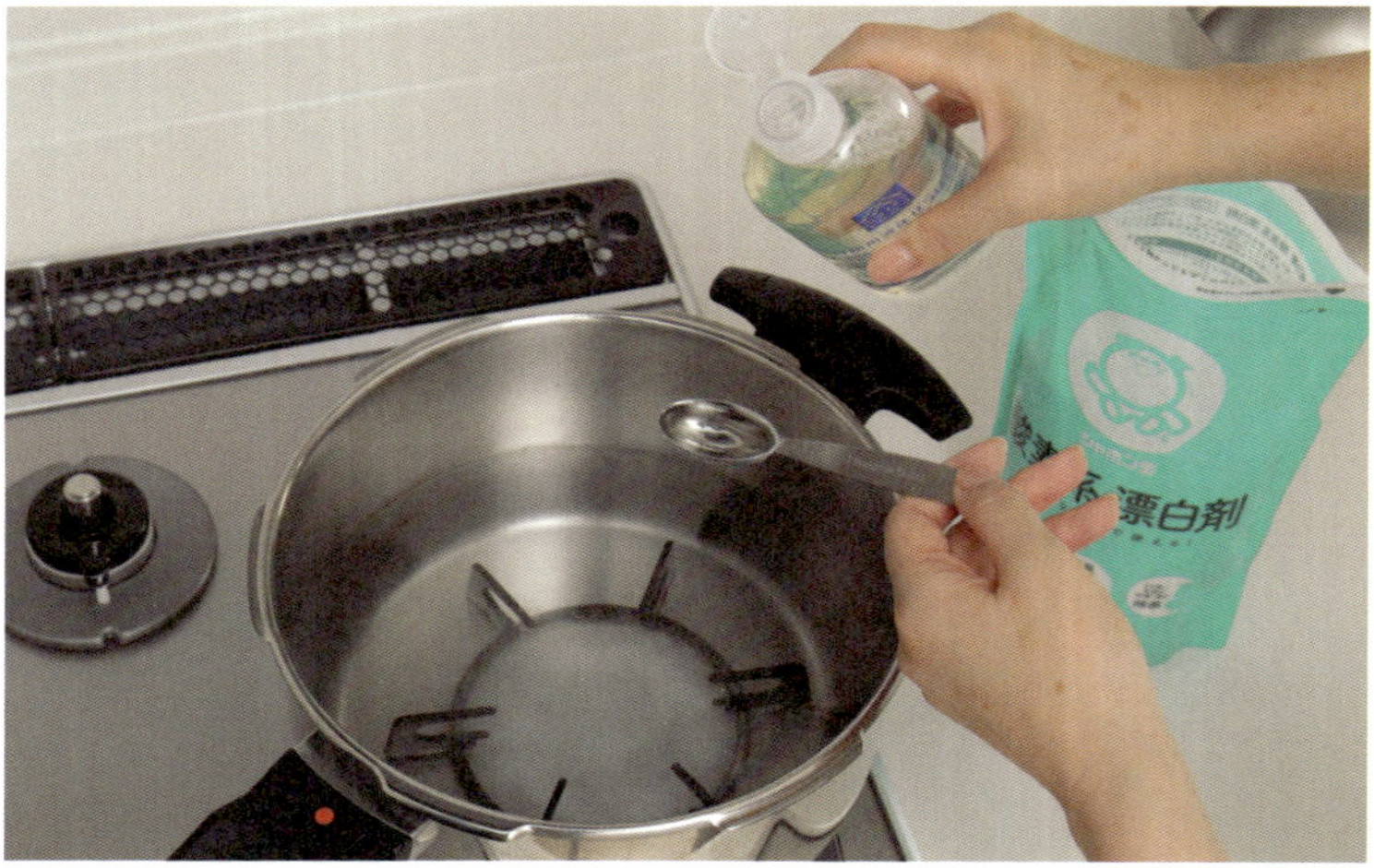

2つの洗剤を合わせて汚れを浮かす

ガスコンロのそうじは、取り外せる部品をすべて外してから始めましょう。本体部分は重曹水をまんべんなくスプレーし、ぞうきんで拭きとります。取り外した五徳などの各部品はまとめて煮洗いするのが有効です。過炭酸ナトリウムと液体（粉末でも可）石けんを水と混ぜ、煮立たせることで、こびりついた汚れを浮かしていきます。湯が沸騰してから洗剤を加えると吹きこぼれてしまうので、必ず煮立てる前に2種類とも加えるようにしましょう。

おそうじSTEP！

コンロ本体は重曹水をまんべんなくスプレーし、拭きとる。

壁の油はねは重曹水に浸し軽く絞ったキッチンペーパーを貼りつけ、汚れを浮かす。

鍋に取り外した部品とつかる程度の水、過炭酸ナトリウムと液体（粉末でも可）石けんを小さじ1ずつ加え入れてから煮立たせる。

汚れ別洗剤チェック！

油汚れ → **重曹**

五徳のこびりつき → **過炭酸ナトリウム+石けん**

コンロ② つけ置き

汚れポイント

- 油汚れ
- 煮こぼれ

過炭酸ナトリウム ＋ 石けん で解決！

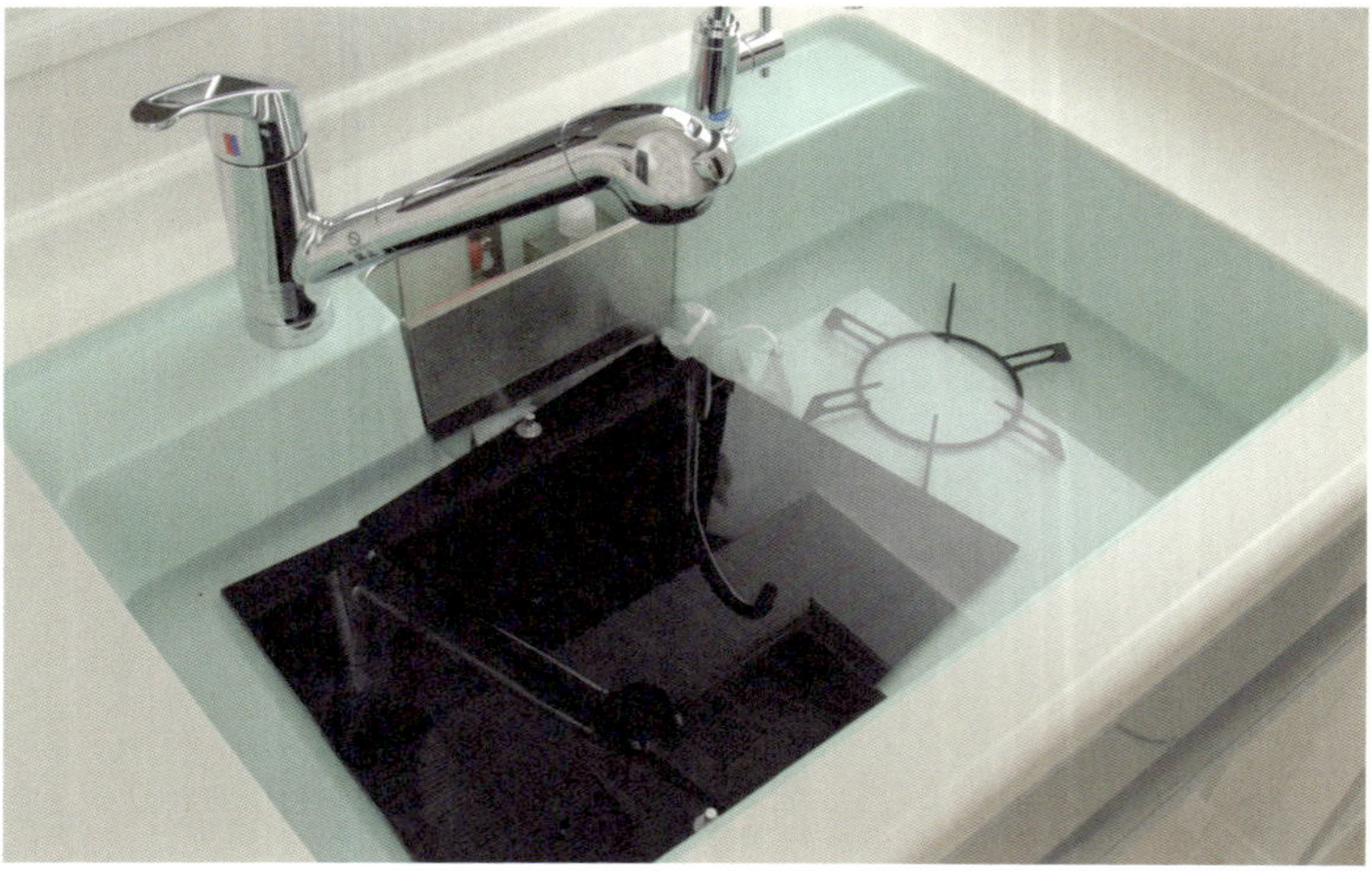

煮洗いできないサイズはシンクにつけ置く

鍋に入らない大きなサイズの部品はシンクに湯を張り、つけ置きします。高温の湯を使うのがポイントなので、温度設定で上げられる最高の温度で行うようにしましょう。油汚れは湯の温度が上がれば上がるほど落ちがよくなります。湯量は取り外した部品がつかるくらいまでためます。

五徳などだけでなく、鍋やフライパンの外側のこびりつき汚れも同じ手順で落とすことができます。小さい鍋であれば、大きな鍋の中に入れて煮立てることもできます。

おそうじSTEP！

ビニール袋などで蓋をし、取り外した部品がつかる程度まで湯をためる。

過炭酸ナトリウムを大さじ1加える。

さらに液体石けんを大さじ1加える。

つけ置きでとりきれなかった汚れはスポンジに重曹の粉末を振りかけてこすり落とす。

グリル

汚れポイント

- 油汚れ
- こびりつき

重曹で解決！

重曹パックでつけ置き

こびりついた汚れはそのままこすり落とそうとすると大変なので、重曹水につけて汚れを緩めます。重曹を受け皿に直接振りかけ、その上から湯をかければ別の容器に重曹水を作る手間を省けます。湯につけられない焼き網は重曹とキッチンペーパーで全体をパックして汚れを浮かし、水で洗い流しましょう。水で流せなかった部分もスポンジなどでこすると、つるっと落ちるようになります。

おそうじSTEP！

重曹を受け皿全面に振りかける。

湯で十分に浸す。

焼き網は湯に浸すのがむずかしいので、受け皿の上に重ねる。

焼き網の上にキッチンペーパーを重ね、上から重曹を振りかける。

ぴったりと網に張りつくように湯で濡らす。

汚れ別洗剤チェック！

油汚れ → 重曹
※古く固くなった油以外

冷蔵庫

汚れポイント

- 手アカ
- こぼした食品

で解決！

汚れ落としと除菌を同時に

直接口に入れる食品を保存しておく冷蔵庫は、清潔な状態を保っておきたいものです。普段のそうじではアルコール水を直接吹きかけ、汚れを拭きとっていきます。アルコール水を使うことで、汚れ落としに加えて、冷蔵庫の中の除菌を行うことができます。

冷蔵庫内の仕切りは取り外せるので、年末などの食品を整理するタイミングで丸洗いしましょう。

おそうじSTEP！

1

アルコール水を冷蔵庫に直接スプレーする。

2

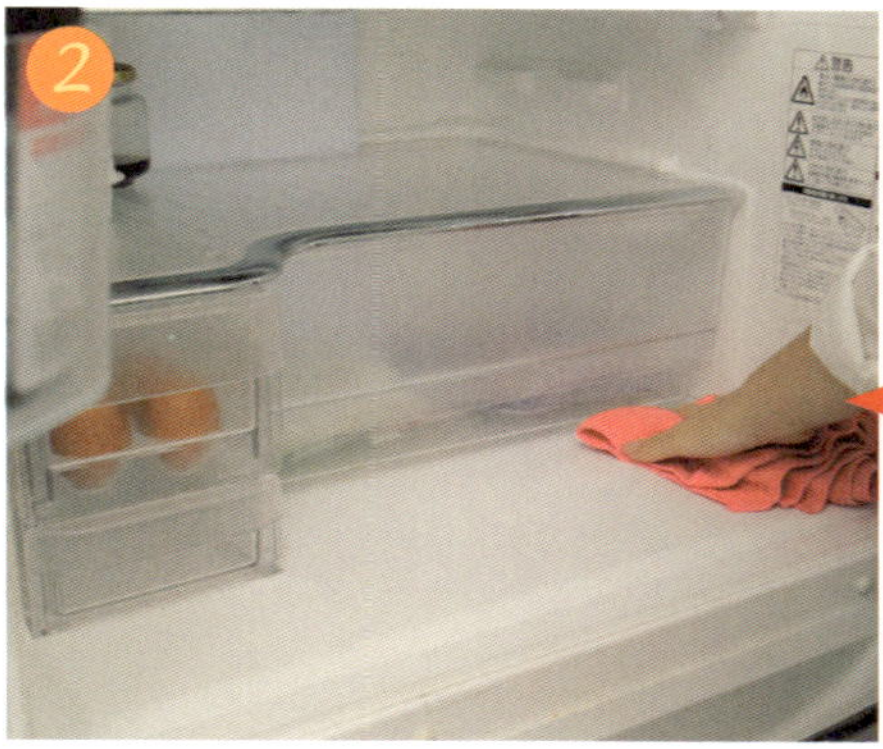

汚れをふきんで拭きとっていく。汚れがひどい部分は、下のポイントを参照。

POINT

しつこい汚れはパックで

気になる汚れは水道水を含ませたキッチンペーパーを置き、10分ほど放置します。汚れが緩み、拭きとりやすくなります。

汚れ別洗剤チェック！

脱臭・除菌 →

アルコール

電子レンジ

汚れポイント

- 油汚れ
- こびりつき

重曹で解決！

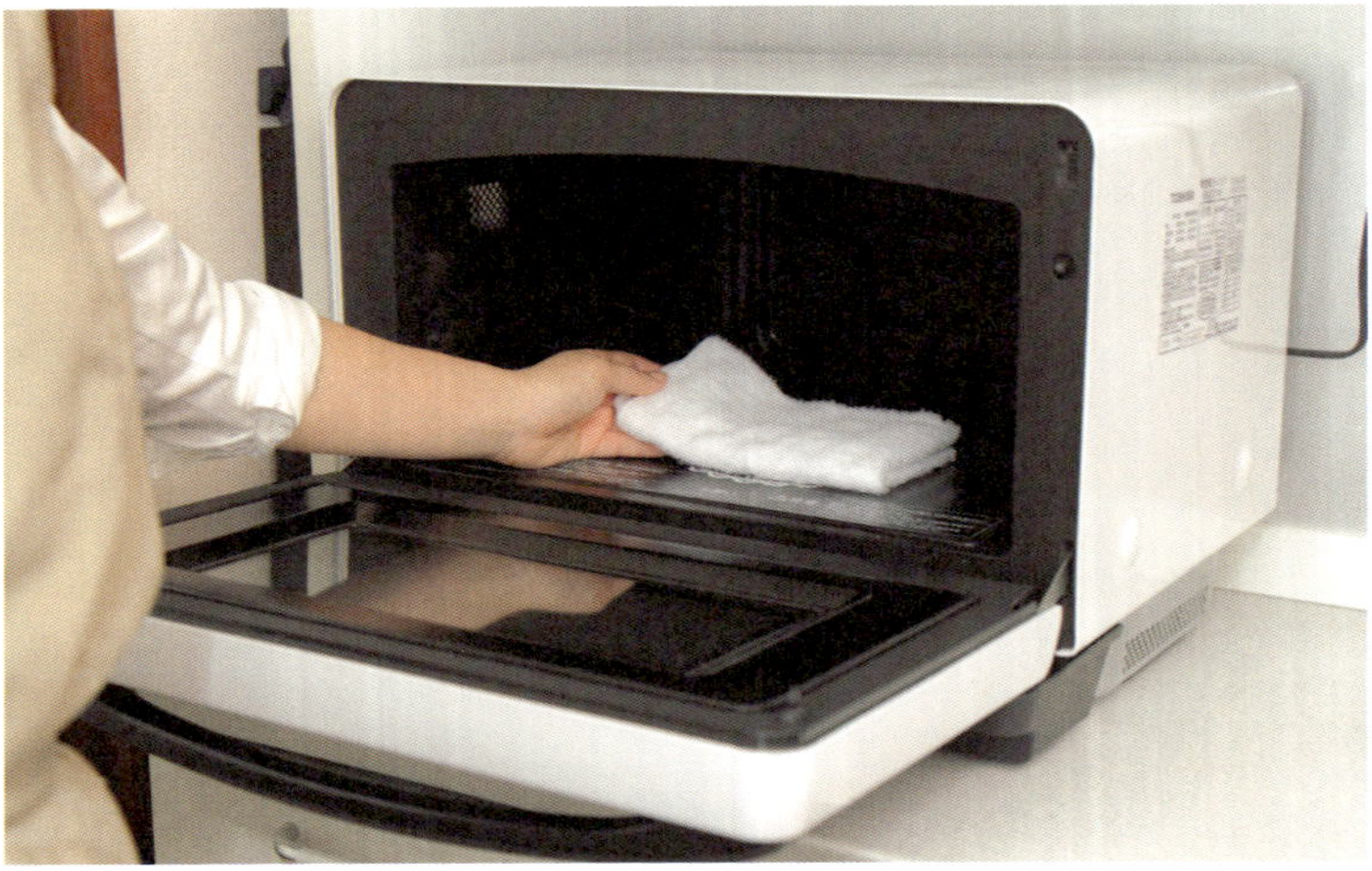

熱と蒸気で汚れを落としやすく

電子レンジの中にこびりついた汚れはそのままこすって落とそうとすると大変なので、重曹水を含ませたふきんなどをレンジに入れて加熱する方法を使います。重曹水の蒸気と熱がレンジ内に広がることで汚れを浮かすので、簡単に拭きとれるようになります。ターンテーブルがある場合はとり出し、水洗いしましょう。

おそうじSTEP！

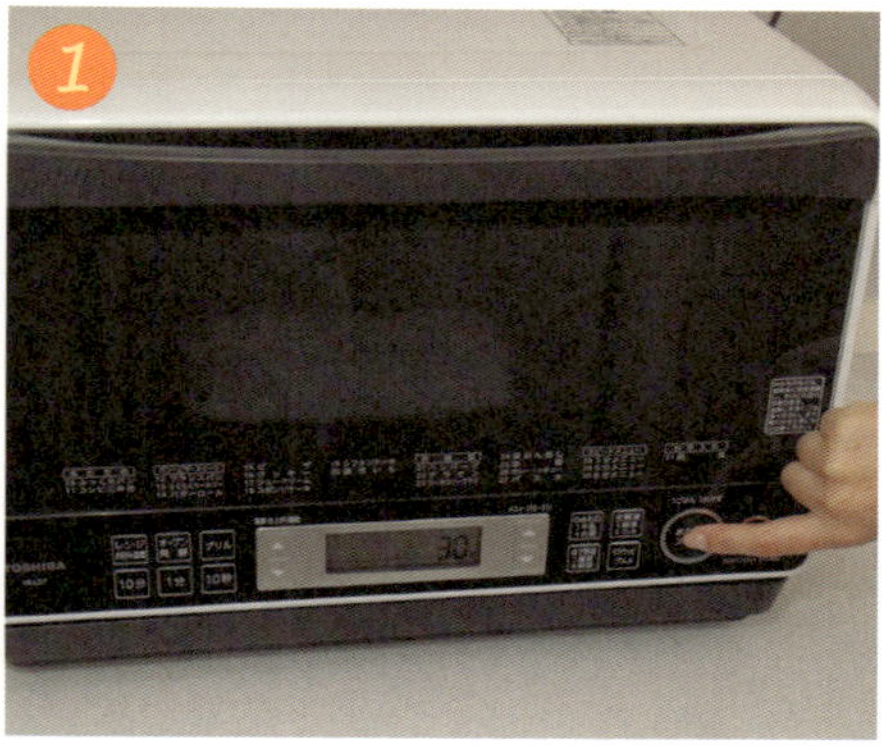

重曹水を含ませたふきんを中に入れ、30～60秒ほど加熱する。

触れる程度まで冷めたら蓋を開け、ふきんで中の汚れを落とす。外側も同様に重曹水のふきんで拭きとる。

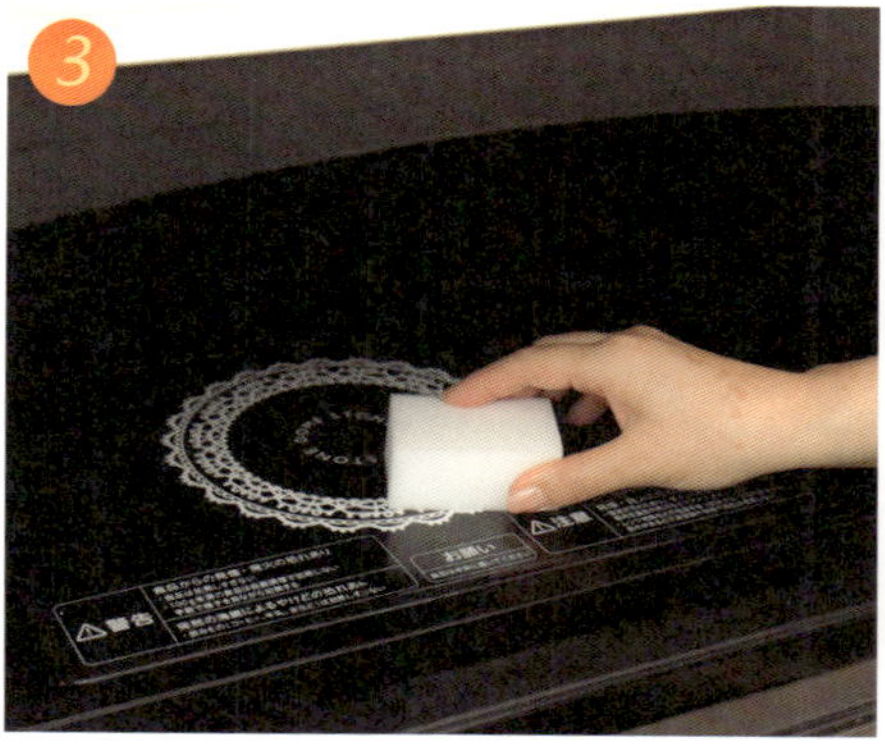

こびりついた汚れはメラミンスポンジを使うと落ちやすい。

汚れ別洗剤チェック！

油汚れ → 重曹

オーブントースター

重曹で解決！

汚れポイント

- 油汚れ
- こびりつき

おそうじSTEP！

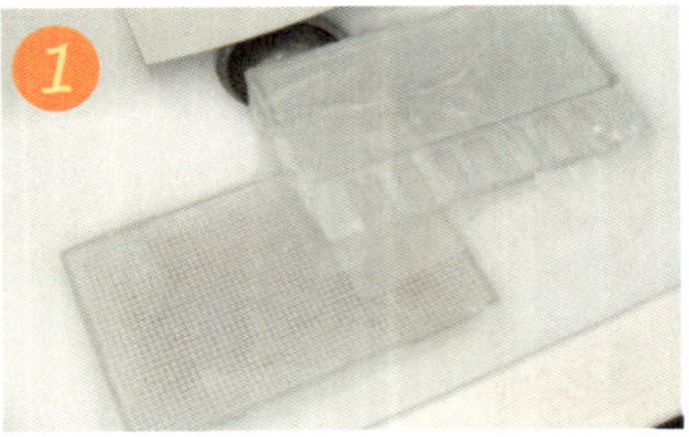

網など取り外せる部分をすべて外し、重曹パックでつけ置きする。

パックをとり、重曹を直接振りかける。

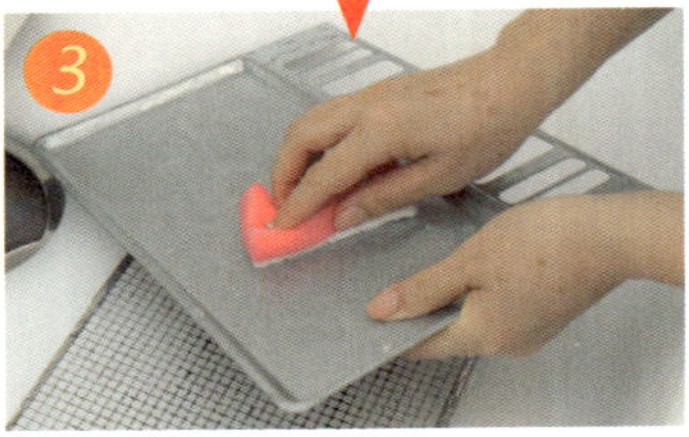

重曹をクレンザー代わりにスポンジで汚れをこすり落とす。

POINT 細かい網はブラシで

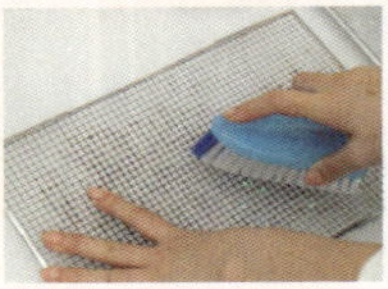

細かい網についた汚れがスポンジで落としきれないときは、ブラシを使用するのをおすすめします。

電気ケトル

クエン酸で解決！

汚れポイント

- 水アカ

おそうじSTEP！

電気ケトルの中に水適量とクエン酸小さじ1を入れる。

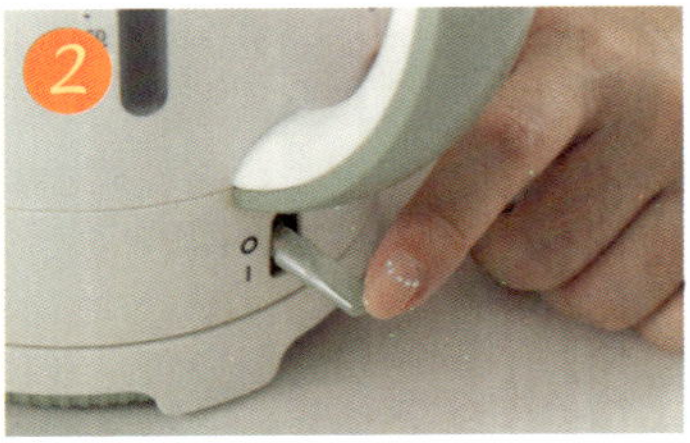

ケトルのスイッチを入れ、湯を沸かす。

食器棚

重曹で解決！

汚れポイント

- ほこり
- 油汚れ

食器の間にほこりがたまらないように

普段は食器の間の隙間に入るワイパーで拭いていきます。ほこりがたまらないようにこまめに行うことが重要です。大そうじなど、中の食器をとり出すそうじには、重曹水を含ませたふきんを固く絞り、水気をしっかり切ったうえで使用します。

おそうじSTEP！

普段のそうじは、食器を収めたまま、ワイパーで隙間までしっかり拭く。

大そうじは、食器をすべてとり出し、固く絞ったふきんで汚れを拭きとり、乾かす。

POINT

キャビネット、本棚のそうじも

キャビネットや本棚も同じ手順でそうじができます。濡れたままで中のものを戻すとカビの原因になるので、必ず乾いてから戻しましょう。

汚れ別洗剤チェック！

油汚れ → **重曹**
水アカ → **クエン酸**

電気のスイッチ

汚れポイント

- ほこり
- 手アカ

で解決！

おそうじSTEP！

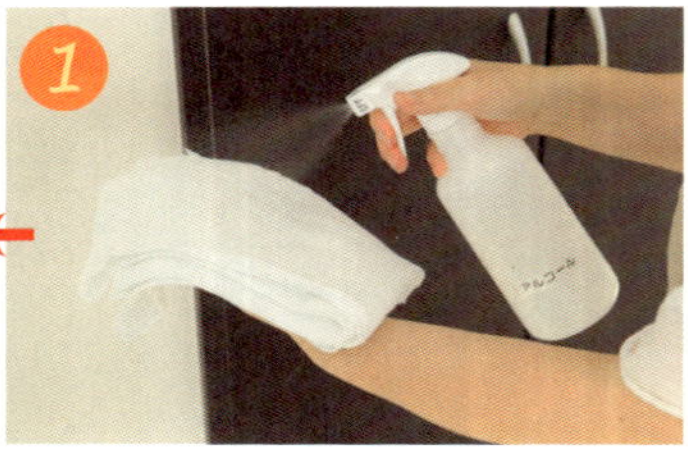

1 アルコール水を乾いたぞうきんにスプレーする。

2 汚れを拭きとる。アルコール水を直接吹きかけると故障の原因になるので注意。

壁

汚れポイント

- ほこり
- こびりつき

重曹で解決！

右から左、上から下へ

壁や床は、右利きなら右端から左へ進むように、重曹水を含ませたぞうきんで拭いていきます。左から右へ動かすより力がかからないので、広い範囲のそうじを行うときは意識してみましょう。左利きなら左端から右へ進むことになります。

POINT

手の届かない天井はフローリングワイパーで

直接ぞうきんで拭くことがむずかしい天井は、フローリングワイパーを使用するとそうじしやすいでしょう。

フローリング

汚れポイント

- ほこり
- こびりつき

重曹で解決！

四隅やこびりついた汚れは割り箸とヘラを使用

フローリングは重曹水に浸し、絞ったぞうきんで拭いていきます。本書掲載の重曹水の割合であれば、乾拭きは必要ありません。重曹の濃度を濃くした場合は、乾いたときに白い粉が出ることがあるので、乾拭きをするほうがいいでしょう。

四隅や溝は、ぞうきんでは汚れを拭きとりきれないことがあるので、割り箸やヘラをぞうきんで包んでしっかりと拭きとるようにしましょう。

おそうじSTEP！

壁と同じように、右から左、前から後ろに向かって重曹水ぞうきんで拭いていく。

四隅や溝に残った汚れはヘラなどを使って削ぎ落とす。

普段のそうじには重曹水を直接スプレーし、ウェットタイプのフローリングワイパーで拭きとる。

汚れ別洗剤チェック！

こびりつき →**重曹**

カーペット

汚れポイント

- ゴミ
- 食べこぼしなど

重曹 ＋ アルコール で解決！

水気をしっかり絞った布で拭く

カーペットはできるだけ水分を含ませないようにそうじすることが重要です。カーペット自体のカビの原因になるだけでなく、濡れた部分から下に染み出し、床にもカビができることもあるからです。

カーペットのそうじをするときは、ぞうきんを重曹水に浸し、洗濯機などでしっかり脱水してから使います。水気が少ないと感じる程度がベストです。

おそうじSTEP！

掃除機をかけ、とりきれなかったものを手ぼうきやブラシでとり除く。

重曹水に浸してから固く絞ったぞうきんで、表面を面に沿って拭いていく。

POINT

汚れが気になる場所には アルコール

シミなどには直接アルコール水をスプレーして汚れを浮かして、ぞうきんで吸いとります。アルコール水は乾きが早く、カビ予防にもなるので水の使えない箇所に適しています。

窓

汚れポイント

- ほこり、カビ
- 排気ガスなどによる油汚れ

＋

で解決！

室内はアルコール水、外は重曹水

室内の北側などにある結露しやすい窓は、カビが発生しやすいのでアルコール水でのそうじがおすすめです。ベランダなど日が当たる場所は、汚れが落ちれば水でも大丈夫ですが、排気ガスなどで意外と油汚れがついていることもあります。その場合は、重曹水をスプレーしましょう。

日の当たる場所は重曹、当たらない場所はアルコールと使い分けましょう。

おそうじSTEP！

重曹水を上からまんべんなくスプレーする。

乾く前に水切り（スクイージー）で水気をきる。

汚れ別洗剤チェック！

ほこり・油汚れ →

重曹

POINT

夏場の大きい窓は注意！

夏場などの晴れて乾燥している日は水の乾きが早く、重曹が白く浮いた状態で残ってしまうことがありますから、重曹水のあとに水をスプレーして水切りをするか、夏場は重曹水を薄めにするとよいでしょう。

ベランダ

汚れポイント

- ほこり
- こびりつき

で解決！

濡らしたところに重曹を振りかける

部屋の外ということで、意外と汚れに目がいかない場所がベランダです。床の汚れを放置していると、臭いやカビの原因になり、洗濯物が落ちたときにひどい汚れがついてしまうこともあります。

重曹を研磨剤代わりにしてデッキブラシで汚れを落としていきましょう。重曹をかけすぎると、流れきらずに白い粉の状態で床に残ってしまうので、かけすぎには注意しましょう。

おそうじSTEP！

床に水をまく。

水をまいた上から重曹を振りかける。

重曹を研磨剤代わりに、デッキブラシで汚れをこすりとる。

POINT

水を流す場所は事前にチェックする

マンションのベランダなどは水が真下の階にそのまま落ちてしまうことがあり、水が使えない場合があります。そうじを行う前に水が使えるかどうかを確認するようにしましょう。

畳

汚れポイント

- カビ

アルコールで解決！

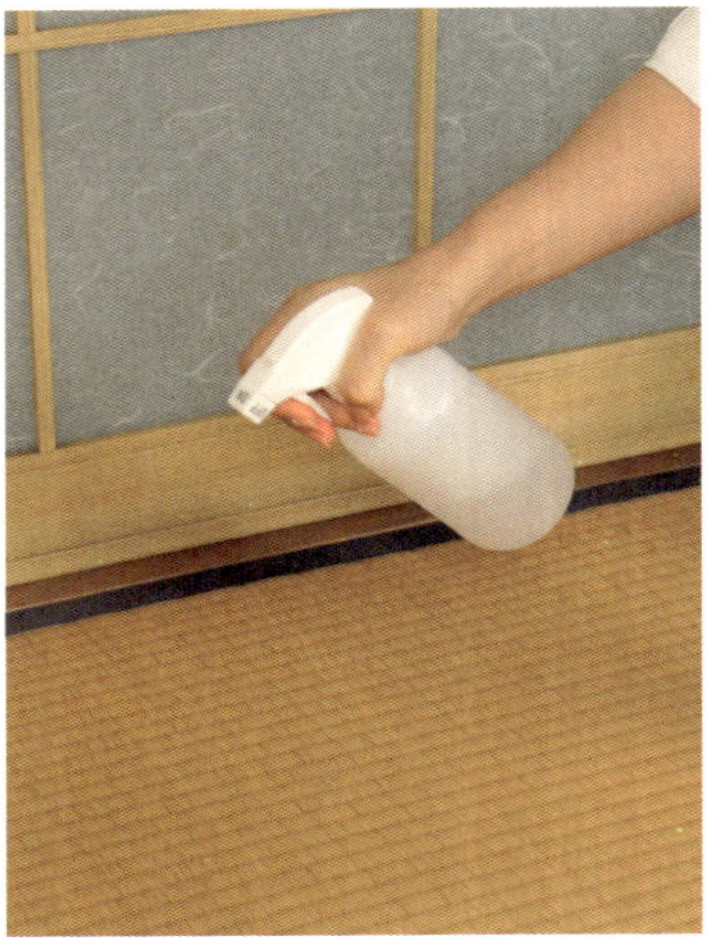

色落ちするので重曹はNG

畳は水気があるとカビが発生してしまうので、そうじの際に水を使用できない場所です。加えて、新しい青い畳は、重曹を使うと色が黄色に変色してしまうので、重曹を使ってはいけません。アルコール水を使用しましょう。

カビができてしまった場合も漂白すると畳の色まで抜けてしまうので、カビを生やさないようにこまめにそうじしていくことが大切です。

おそうじSTEP！

1 アルコール水を畳に直接スプレーし、水に浸して固く絞ったぞうきんで拭いていく。

2 汚れが気になる場所には薄めたものではなく、アルコールの原液を吹きかけても大丈夫。

POINT

畳縁

アルコール水をスプレーし、細いブラシなどで汚れをかき出して、ぞうきんで拭きとる。

汚れ別洗剤チェック！

カビ予防→**アルコール**

照明器具

汚れポイント
- ほこり
- 油汚れ

アルコールで解決！

おそうじSTEP！

1 乾いたぞうきんにアルコール原液を含ませる。

2 全体を拭きとっていく。汚れがたまりやすい部分に注意する。

テレビ

汚れポイント
- ほこり
- 手アカ

アルコールで解決！

おそうじSTEP！

1 乾いたぞうきんにアルコール水をスプレーする。

2 全体を拭きとる。ほこりがたまりやすい上部や溝などに注意。

パソコン・リモコン

汚れポイント

- 手アカ
- ほこり

アルコールで解決！

隙間はアルコール水に浸した綿棒で

パソコンなどもそうじに水が使用できないものなので、基本的にはテレビと同じ手順でそうじをしていきます。ただし、パソコンのキーボードやリモコンのボタンなどの隙間はぞうきんでは汚れが落としきれないことがあります。そういった細かい隙間の汚れを落とすときには、アルコール水に浸した綿棒を使用し、汚れをこすり落としましょう。

おそうじSTEP！

1 アルコール水を含ませたぞうきんで全体を拭く。

2 ぞうきんでとりきれない細かい隙間は、アルコール水に浸した綿棒を使ってこすりとる。

POINT 電話機も同様に

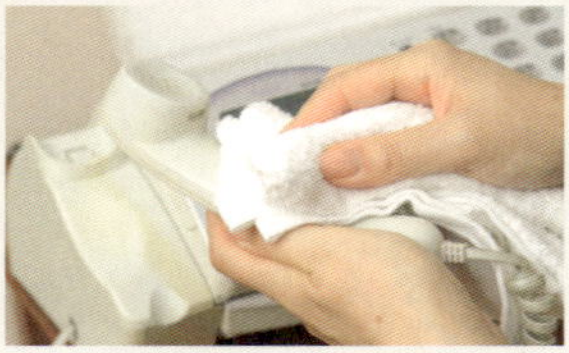

汚れ別洗剤チェック！

殺菌・手アカ → **アルコール**

エアコン①フィルター

汚れポイント

- ほこり
- 油汚れ

石けん ＋ アルコール で解決！

通常は掃除機、汚れがひどければ丸洗い

エアコンの中でも悩むことが多いフィルターのそうじですが、汚れがひどくなければ掃除機で吸いとってキレイにすることができます。

汚れがたまり、掃除機で落とせなくなっている場合は、液体石けんで丸洗いしましょう。スポンジなどでこすり洗いをすれば、たいていの汚れは落とすことができます。乾かす際にアルコール水を吹きかけておけば、除菌にもなります。

おそうじSTEP！

フィルターの全体を水で流し、大きな汚れを落とす。

液体石けんとスポンジで汚れをこすり落とす。

水で洗い流す。

POINT

干す前にアルコール

水気をきったら、干す前にアルコール水を吹きかけることで除菌、防カビになります。

エアコン②本体

汚れポイント

- ほこり

で解決！

おそうじSTEP！

脱水したぞうきんにアルコール水を吹きかけ、表面をまんべんなく拭く。

フィルターの蓋の裏側にもカビが生えやすいので、内側も拭きとる。

POINT　内部のそうじは？

エアコンの内部はメーカーによって違い、複雑なため、家庭で行うのはフィルターの清掃までにしておいたほうがよいでしょう。

扇風機

汚れポイント

- ほこり

アルコールで解決！

おそうじSTEP！

取り外せる部品はすべて外し、水洗いする。

そのほかの部分はアルコール水をスプレーしたぞうきんで拭いていく。

浴槽

汚れポイント

- 湯アカ
- ぬめり

重曹で解決！

クレンザー代わりに重曹を使用

浴槽の汚れは、重曹を研磨剤代わりにしてこすり落としていきます。加えて重曹は浴槽に付着した皮脂や角質汚れ（湯アカ）をよく落とすので、浴槽そうじには効果的です。浴槽用洗剤と違って、水で洗い流すときも神経質に落としきる必要がないので、そうじの手間を減らすこともできます。

おそうじSTEP！

水で濡らしたアクリルたわしに重曹粉末をつける。

重曹をクレンザー代わりに湯アカを落とすようにみがいていく。

汚れ別洗剤チェック！

湯アカ・ぬめり →

重曹

床・ドア

汚れポイント

- ほこり
- カビ

＋

で解決！

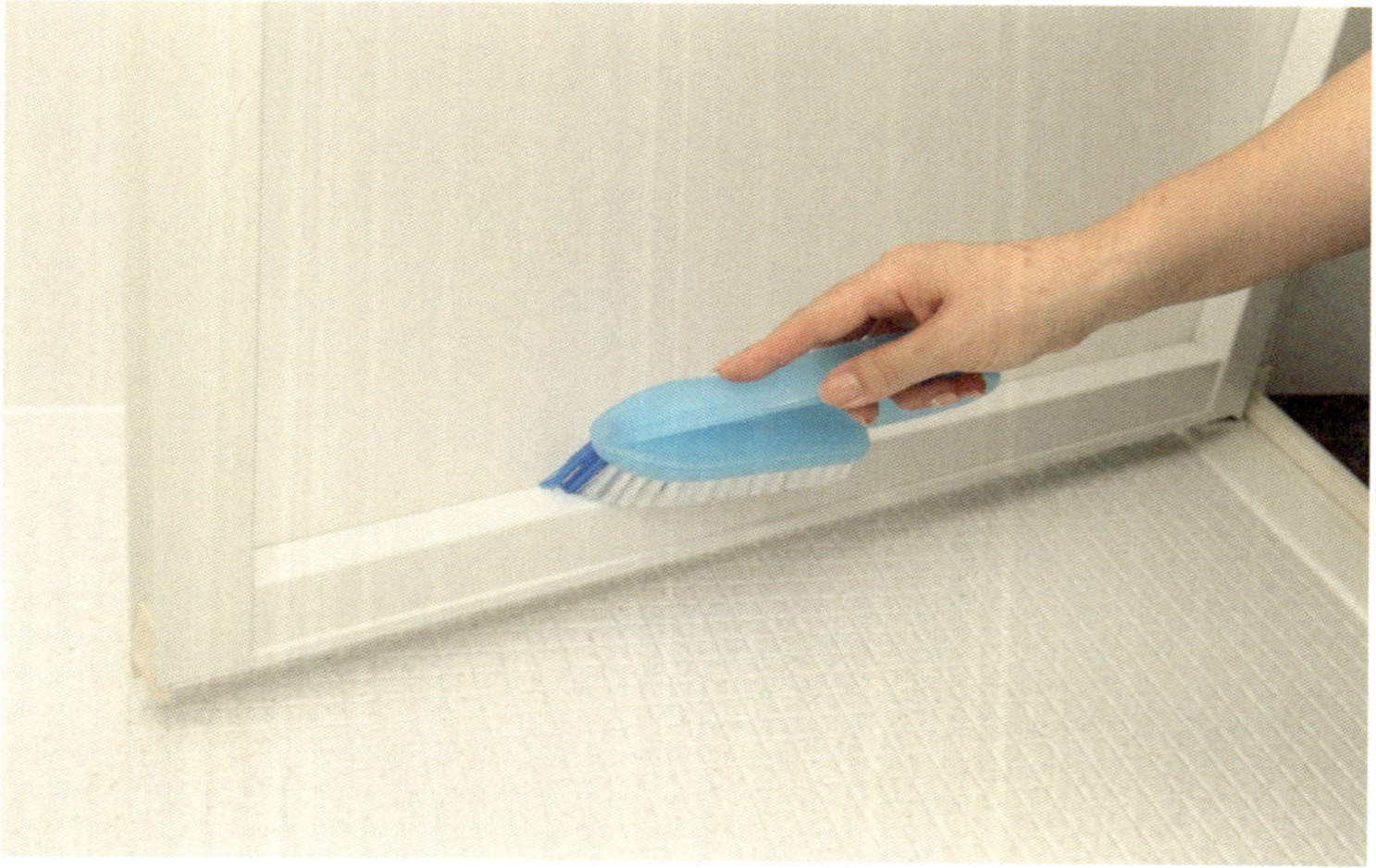

細い溝はブラシで掃除

浴槽と同じく、床やドアの主な汚れも、皮脂や飛び散った石けんです。重曹を研磨剤代わりに汚れを落としていきましょう。床、ドアには細かな溝があり、スポンジでは汚れが落としきれないことがあるので、細いブラシなどの使用をおすすめします。また、ドアはカビができやすい場所なので、そうじの後は必ず水気を拭きとりましょう。アルコール水を吹きかければ、除菌や防カビ効果があります。

おそうじSTEP！

水で濡らした床に、粉末の重曹をまんべんなくまく。

浴室用ブラシを用い、溝などにたまったアカを落とすようにこすり洗いする。

おそうじSTEP！

溝をブラシなどでこすり洗いした後、しっかりと乾いたぞうきんで拭きとる。

アルコール水をスプレーし、除菌、防カビを行う。

鏡

汚れポイント

- 水アカ

クエン酸で解決！

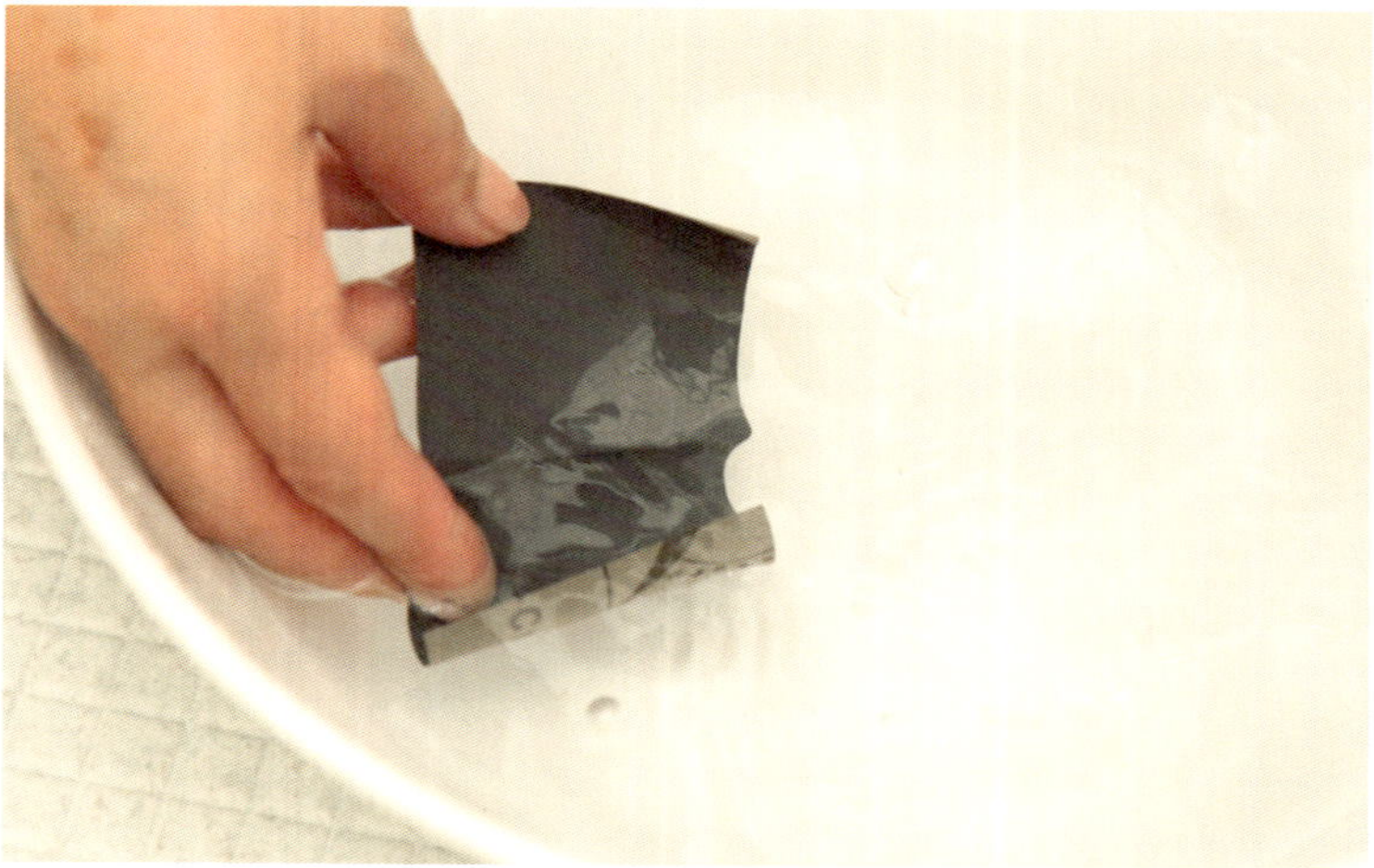

クエン酸パック＋目の細かい紙やすり

鏡についた汚れや水アカは、まずはクエン酸パック（P34参照）で浮かせます。スポンジで拭きとれなかった場合はメラミンスポンジを使い、それでも落ちないしつこい汚れは、非常に目の細かい紙やすり（耐水性のもの）をヘラに巻きつけ、こすり落としましょう。

おそうじSTEP！

クエン酸パック（P 34参照）をして、しばらく放置する。

パックを外し、スポンジでこすり洗いする。

水で濡らした紙やすりをヘラに巻きつける。

紙やすりで落としきれなかった汚れをこすりとる。

小物

汚れポイント

- 水アカ
- 石けんカス

過炭酸ナトリウム ＋ クエン酸 で解決！

湯と過炭酸ナトリウムでつけ置き

ボトルなどの浴室小物はまとめて洗面器や浴槽でつけ置きするのがおすすめです。

風呂の追い焚き機能を利用するので、浴槽には水をためましょう。

つけ置きを終えて湯を流したら風呂釜清掃のためにもう一度水を張り、追い焚きします。

シャワーヘッドの水アカは、写真のようにクエン酸水につけ置きを。

おそうじSTEP！

浴槽に小物がすべてつかる程度に水を張り、小物をすべて入れる。中に過炭酸ナトリウムを½カップ入れる。

追い焚きボタンを押して湯の温度を上げ、つけ置きする。

POINT

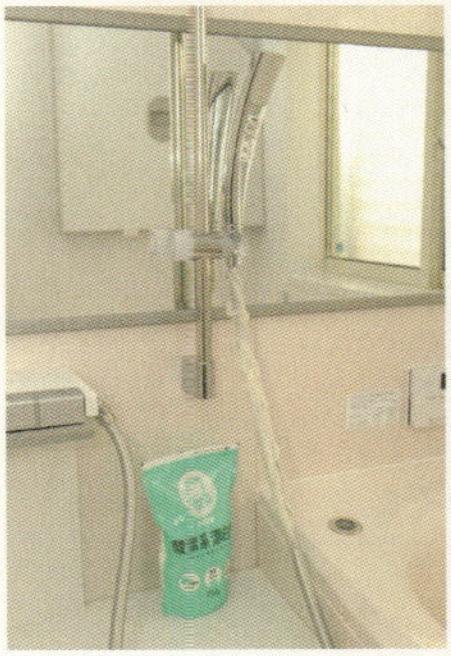

シャワーホースのカビには過炭酸ナトリウムを浸したキッチンペーパーでホース全体を覆う過炭酸ナトリウムパックがおすすめ。

こびりついた石けんカスが気になるものはクエン酸パック（P 34参照）をする。

洗面台

汚れポイント

- 水アカ

＋

で解決！

気になる水アカにはたっぷりクエン酸水を

基本的にはシンクと同じ流れですが、キッチンと違い、しつこい油汚れはありません。重曹を研磨剤の代わりにして、みがくように洗います。

水アカはクエン酸水をまんべんなく吹きかけて落としていきましょう。

おそうじSTEP！

みがきたい箇所に粉末の重曹を振りかける。

みがくようにこすり洗いした後、水で洗い流す。

蛇口も含めて全体にクエン酸水をスプレーする。

ぞうきんでしっかり拭きあげる。

洗濯機

汚れポイント

- カビ
- 洗濯槽汚れ

過炭酸ナトリウム ＋ クエン酸 で解決！

50 ～ 60℃の湯がポイント

洗濯機のそうじで重要なのは水の温度。給湯器の設定温度を上げて 50 ～ 60℃の高温の湯を使用することで、汚れの浮き出し方が大きく変わってきます。市販のクリーナーを使用してそうじする場合でも、同様に、高い温度の湯を使うことをおすすめします。

おそうじSTEP！

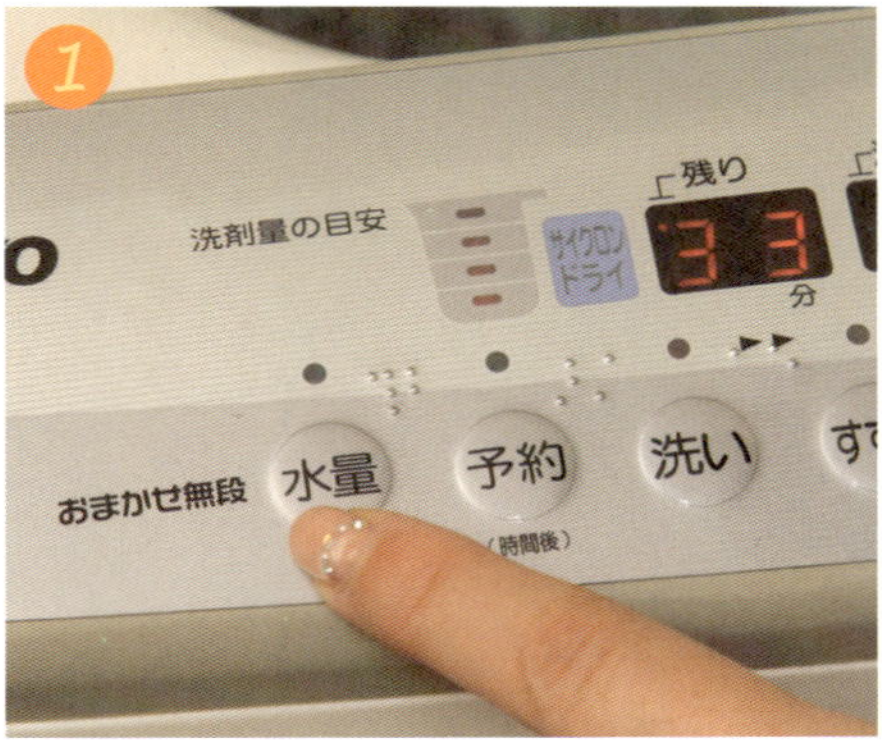

洗濯機に最大量まで湯を張り、過炭酸ナトリウムを1カップ加える。

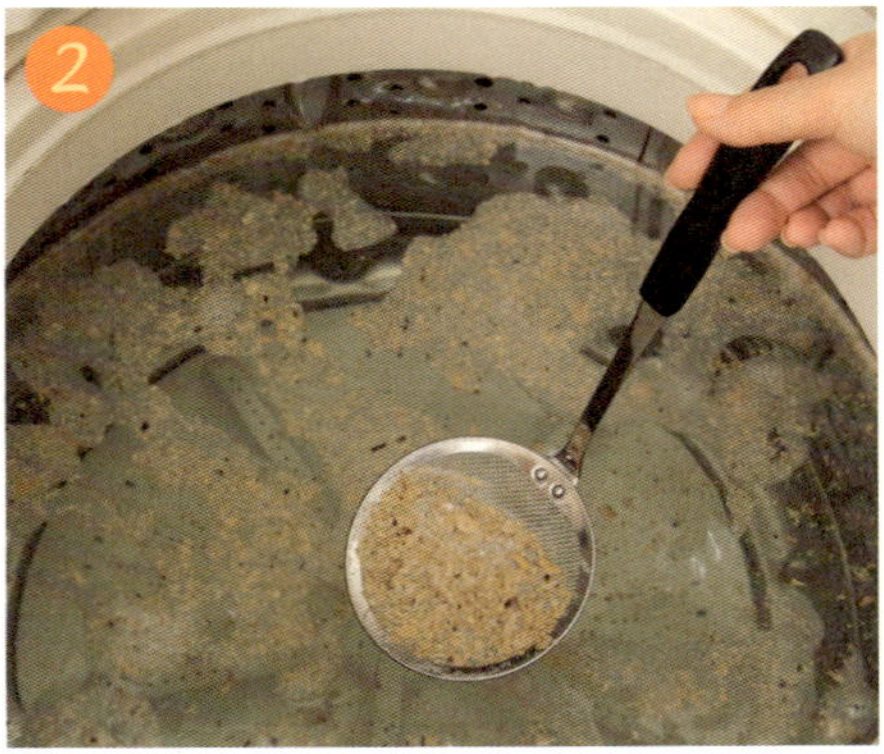

しばらくそのまま放置したら、浮いてきた汚れをすくい網でとる。

汚れが出なくなるまでくり返しすくいとる。そのまま5時間ほどつけ置きする。

汚れをとりきったら洗濯コースの2回めのすすぎのタイミングでクエン酸大さじ1を加える。

便座①

汚れポイント

- 尿石汚れ
- 臭い
- 尿はね

＋

で解決！

重曹で汚れをこすりとる

便座の汚れは研磨剤代わりの重曹を使ってブラシでこすることで、大体のものは落とすことができます。便座裏の溝の尿石汚れにはクエン酸パック（P34参照）が有効です。

おそうじSTEP！

重曹を便器の中に振りかける。

ブラシでこすって汚れを落とす。

POINT

溝はクエン酸パック

便座の裏の溝には尿はねによりできた尿石汚れがたまります。尿石汚れはクエン酸パックで浮かして落とすようにしましょう。

便座②

汚れポイント

- 尿はね
- ほこり
- 臭い

アルコール ＋ クエン酸 で解決！

毎日そうじはアルコール水　臭いはクエン酸水

尿は出てすぐは酸性なので、毎日のそうじにはアルコール水を使います。ただし時間が経つと、尿はアルカリ性のアンモニアになります。イヤな臭いの正体でもあるので、酸性のクエン酸水をスプレーすれば、そうじも消臭もできます。尿は床や壁など広範囲に飛んでいるので、毎日しっかりそうじを。

おそうじSTEP！

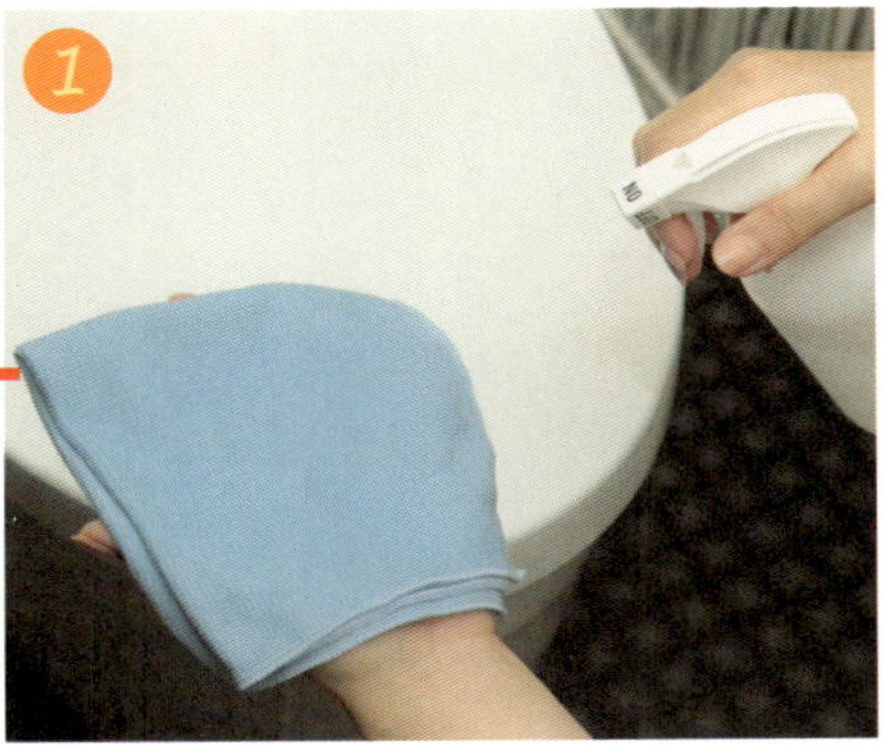

1

蓋の部分はアルコール水をスプレーしたぞうきんを使用する。

2

ぞうきんで全体を拭きあげる。

POINT

トイレの臭い＝尿はね

トイレの臭いの原因は尿はねによって発生します。トイレットペーパーは蓋などプラスチックの部分を傷つけてしまう可能性があるので、ぞうきんで拭きましょう。

汚れ別洗剤チェック！

尿はね → **アルコール**

臭い → **クエン酸**

床・壁

汚れポイント

- 尿はね
- 臭い

クエン酸で解決！

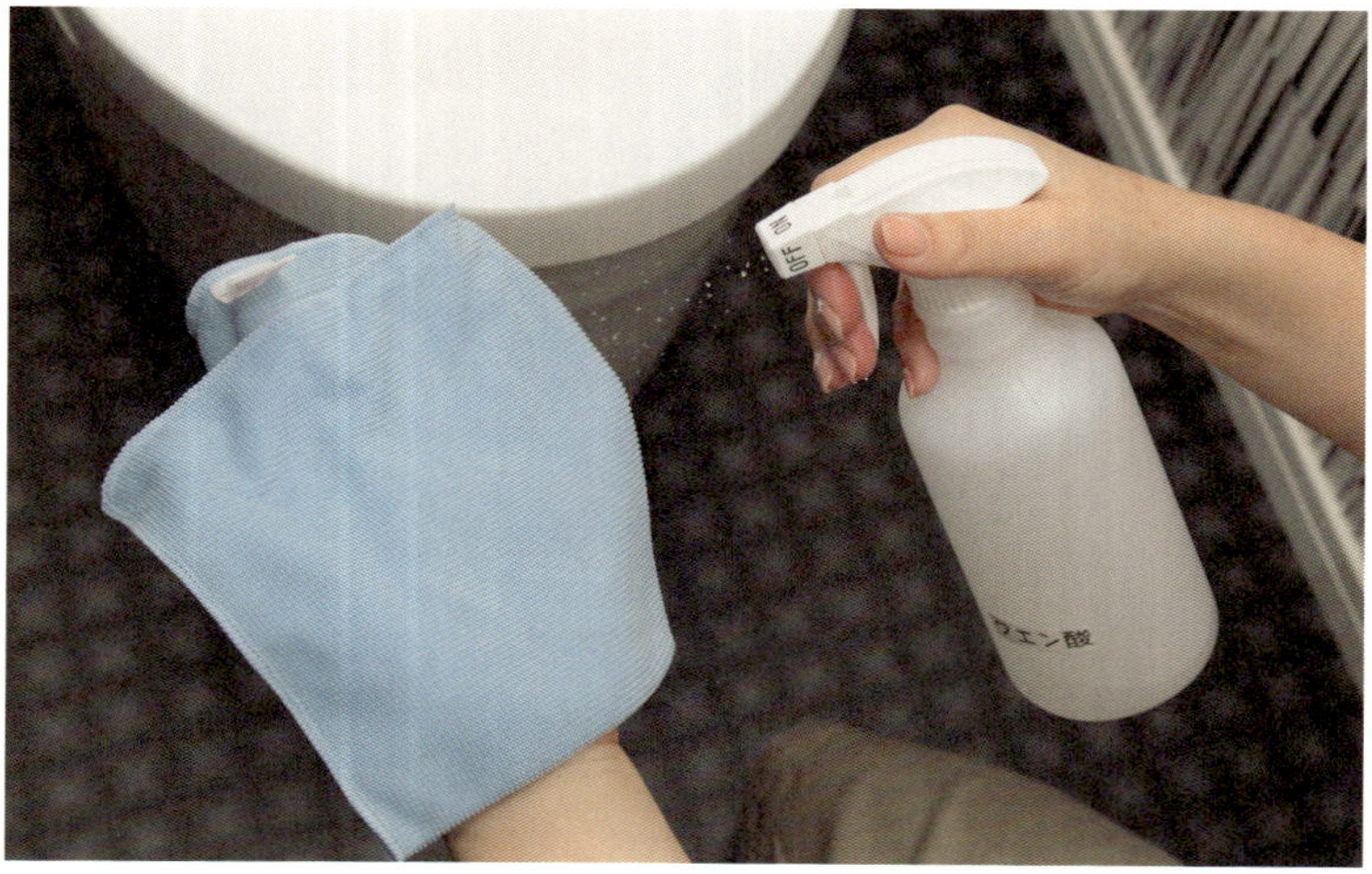

臭いの元は飛び散った尿

こまめにそうじをしているのにトイレが臭う場合は、床や壁に飛び散った尿はねが原因かもしれません。クエン酸は尿はねの汚れを落とすだけでなく、臭いも中和する効果があります。床、壁もこまめに拭くようにしましょう。

おそうじSTEP！

クエン酸水を吹きかけたぞうきんで床を丁寧に拭いていく。

こびりついた汚れはブラシの持ち手側のヘラの部分をぞうきんで包んでそうじする。

汚れをこすり落とす。

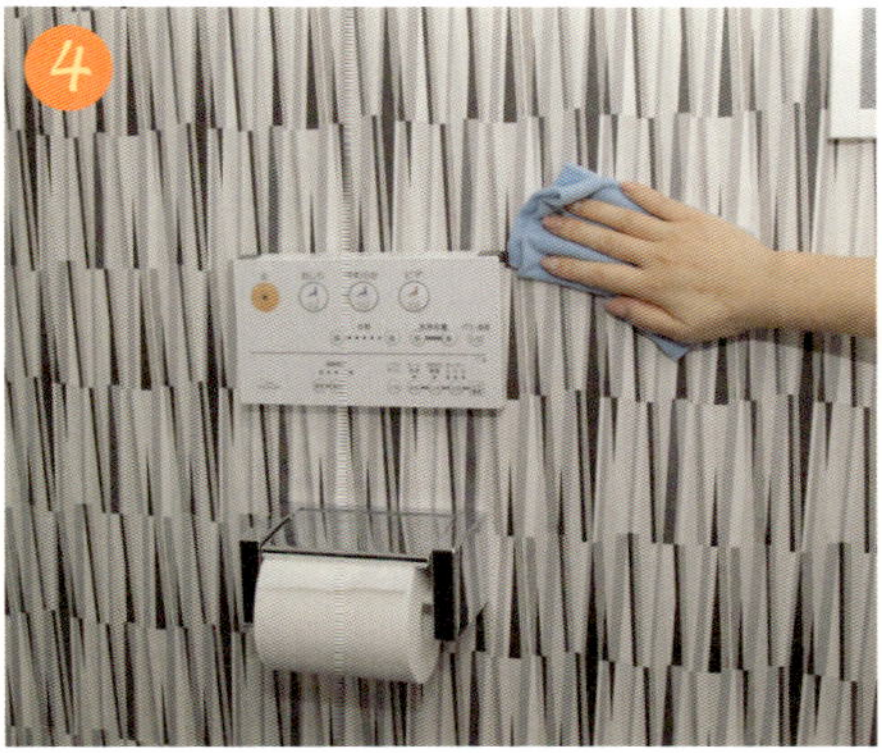

壁の高い位置にも尿はねしていることがあるので、壁もしっかり拭きあげる。

洗い場

汚れポイント

- 水アカ

クエン酸で解決！

水アカにはクエン酸水スプレー

洗い場は洗面台と同様に、水アカが主な汚れとなるので、クエン酸水を全体にスプレーし、拭き落としましょう。最後にぞうきんで水気を拭きとることが大切です。

おそうじSTEP！

蛇口も含めて全体にクエン酸水をスプレーする。

ぞうきんでしっかりと拭きあげる。

汚れ別洗剤
チェック！

水アカ →

クエン酸

POINT

タンクのそうじは？

最近のトイレにはタンクがついていないものが増えています。タンクの中もホースなど外してはいけない部品が多いのであまりいじらず、上部の水アカをクエン酸水で拭く程度に。

床

汚れポイント

- 外から入ってくるゴミ
- 砂ぼこり

アルコールで解決！

アルコール水と水拭きで毎日そうじ

マンションの玄関などは共用部分とつながっているため、水が使えないことがあります。水が使えない箇所にはアルコール水をスプレーし、水で濡らしたぞうきんで水拭きしていきましょう。

おそうじSTEP！

アルコール水を全体に吹きかける。

水で濡らしたぞうきんを使って拭きとる。

POINT

溝にたまった汚れは掃除機で

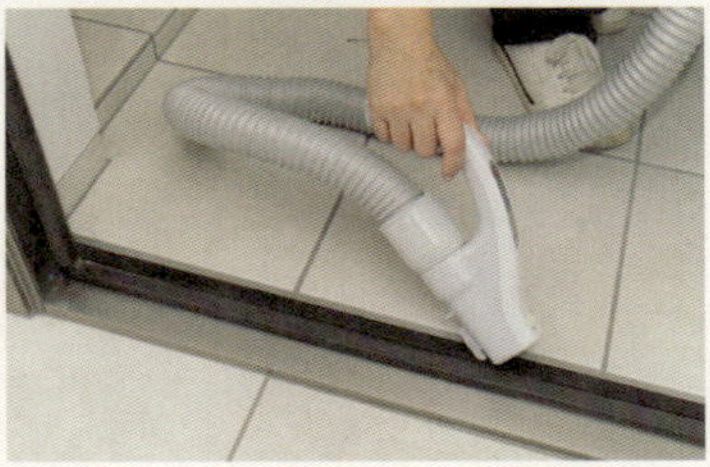

汚れ別洗剤チェック！

殺菌・ほこり→

アルコール

ドア

汚れポイント

- 砂ぼこり

で解決！

アルコール水で汚れ落とし

玄関のドアは砂ぼこりが直接当たるので、汚れやすい場所です。マンションなどは水が使えないことが多いので、アルコール水を利用し、汚れを拭き落としていきましょう。

おそうじSTEP！

そうじをしたい場所にアルコール水を吹きかける。

水で濡らしたぞうきんで拭きとる。

POINT

細い場所はハケを使う

ぞうきんで拭きとれない細かい溝などに入り込んだ汚れは、ハケなどを使って落としましょう。

POINT

インターホンも

インターホンも同様に、汚れにアルコール水を吹きかけ、ぞうきんで拭きとる方法でそうじができます。

クローゼット・押入れ

クローゼット

アルコールで解決！

汚れポイント
- カビ
- ほこり

おそうじSTEP！

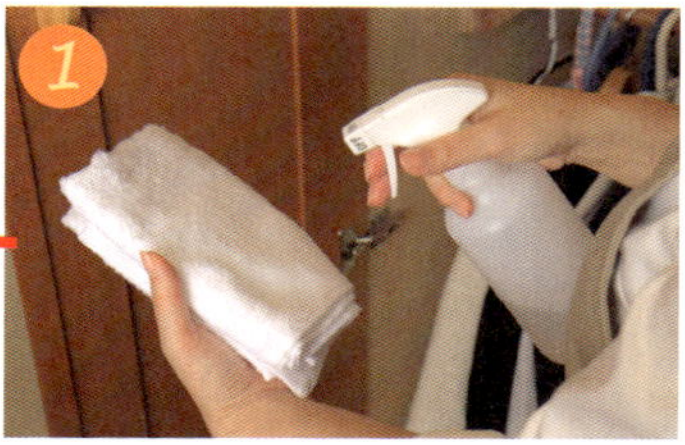

乾いたぞうきんにアルコール水をスプレーする。

衣類を出して上から下、右から左、奥から手前に向かって拭く。

POINT

ぬいぐるみも同様にそうじできる

クローゼットや靴箱も押入れと同じ手順でそうじができます。同様にカビが生えやすい場所なので、水気には注意しましょう。

汚れ別洗剤チェック！

カビ・ほこり → **アルコール**

押入れ

アルコールで解決！

汚れポイント

- カビ
- ほこり

おそうじSTEP！

1 乾いたぞうきんにアルコール水をスプレーする。

2 押入れの中を空にして、クローゼットと同様に拭いていく。

×NG

濡れたぞうきん

押入れはカビが生えやすい場所のひとつです。乾いたぞうきんを使用し、なるべく水気がつかないようにそうじしましょう。

クッション

アルコールで解決！

おそうじSTEP！

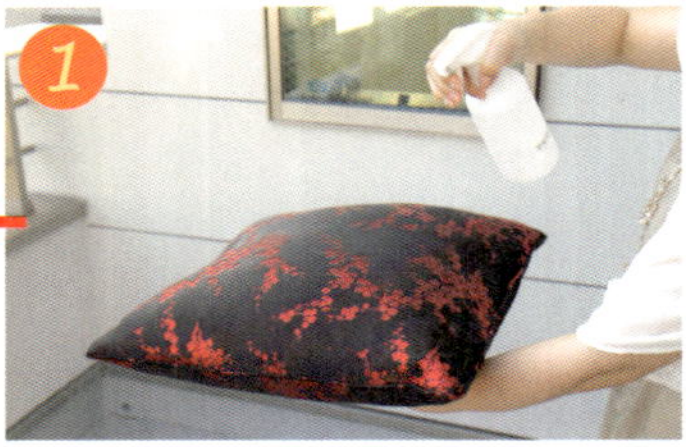

全体にまんべんなくアルコール水をスプレーする。

ベランダなどで天日干しし、乾かす。

汚れ別洗剤チェック！

殺菌 →

アルコール

POINT

ぬいぐるみも同様にそうじできる

自然と汚れや臭いがついてしまうぬいぐるみにもアルコール水でのそうじが効果的です。

カーテン

で解決！

汚れポイント

- 臭い

おそうじSTEP！

POINT

洗濯できるかチェック

カーテンには洗濯ができるタイプとできないタイプがあります。お部屋の臭いが気になったら、できるタイプは洗濯機で丸洗いしても大丈夫です。

重曹水をまんべんなくスプレーしていく。

ベッド マットレス

汚れポイント

- ほこり
- 髪の毛などのゴミ

おそうじSTEP！

1 表面を手ぼうきやブラシを使ってはき、ゴミをとる。

2 へこんだ部分にたまったゴミ、ほこりを掃除機で吸いとる。

ダウン

汚れポイント

- 皮脂
- 泥

石けんで解決！

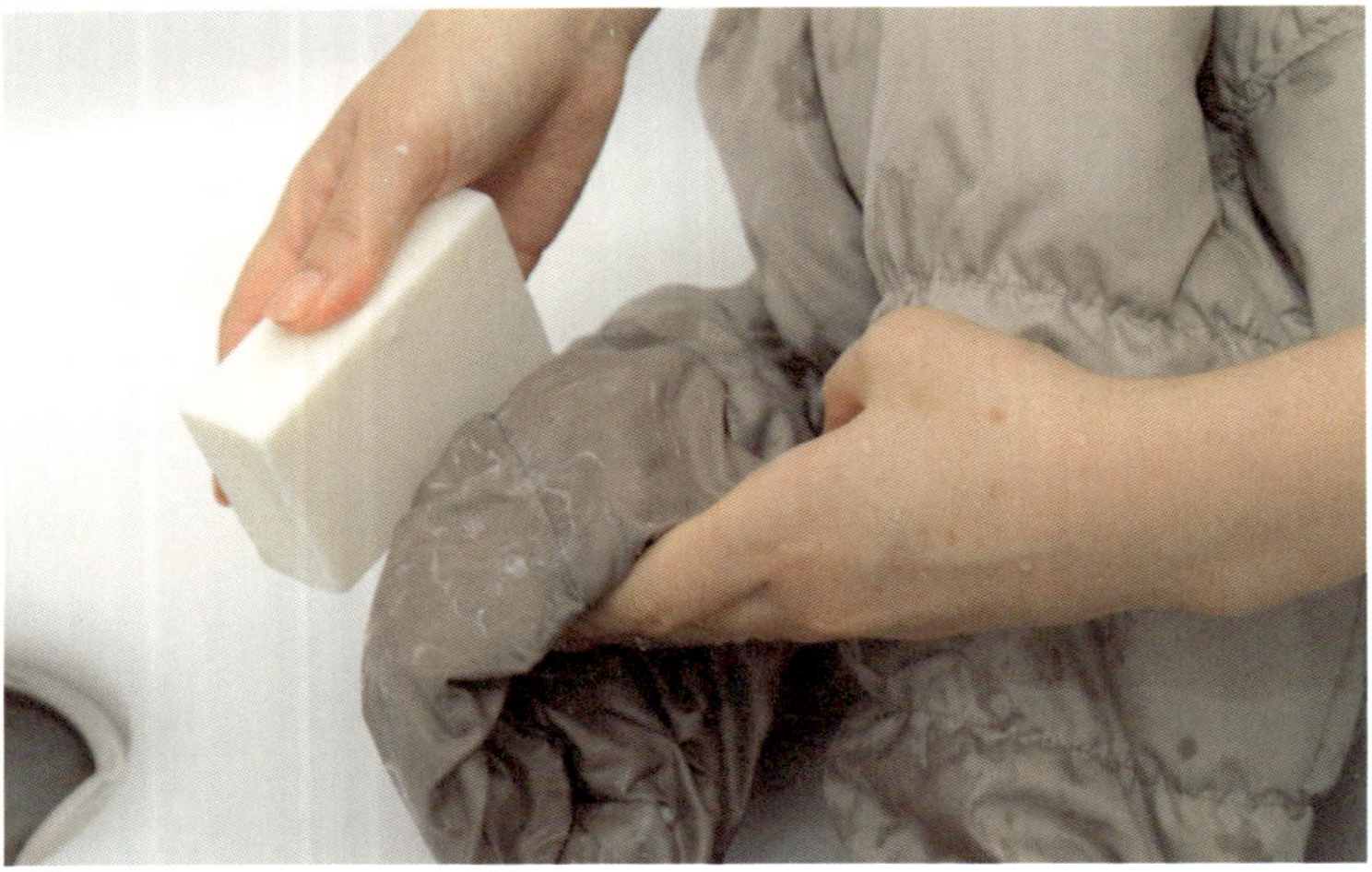

部分洗いでこまめにキレイにする

毎回全体を洗うのは大変なので、シーズンの最後以外は袖口や襟など汚れる部分だけをこまめに洗うようにしましょう。

また、汗など衣服につく汚れは、ドライクリーニングで落としきれるタイプのものではありません。シーズンの終わりにクリーニングに出すだけでなく、自宅でもこまめに洗うことをおすすめします。

おそうじSTEP！

汚れている箇所を水でしっかり濡らす。

固形石けんをしっかりこすりつける。

洗濯ブラシで汚れを落とし、水で流す。タオルで水気を拭きとり乾かす。

汚れ別洗剤チェック！

皮脂 → **固形石けん**

水筒

汚れポイント

- 茶渋
- 雑菌

過炭酸ナトリウム で解決！

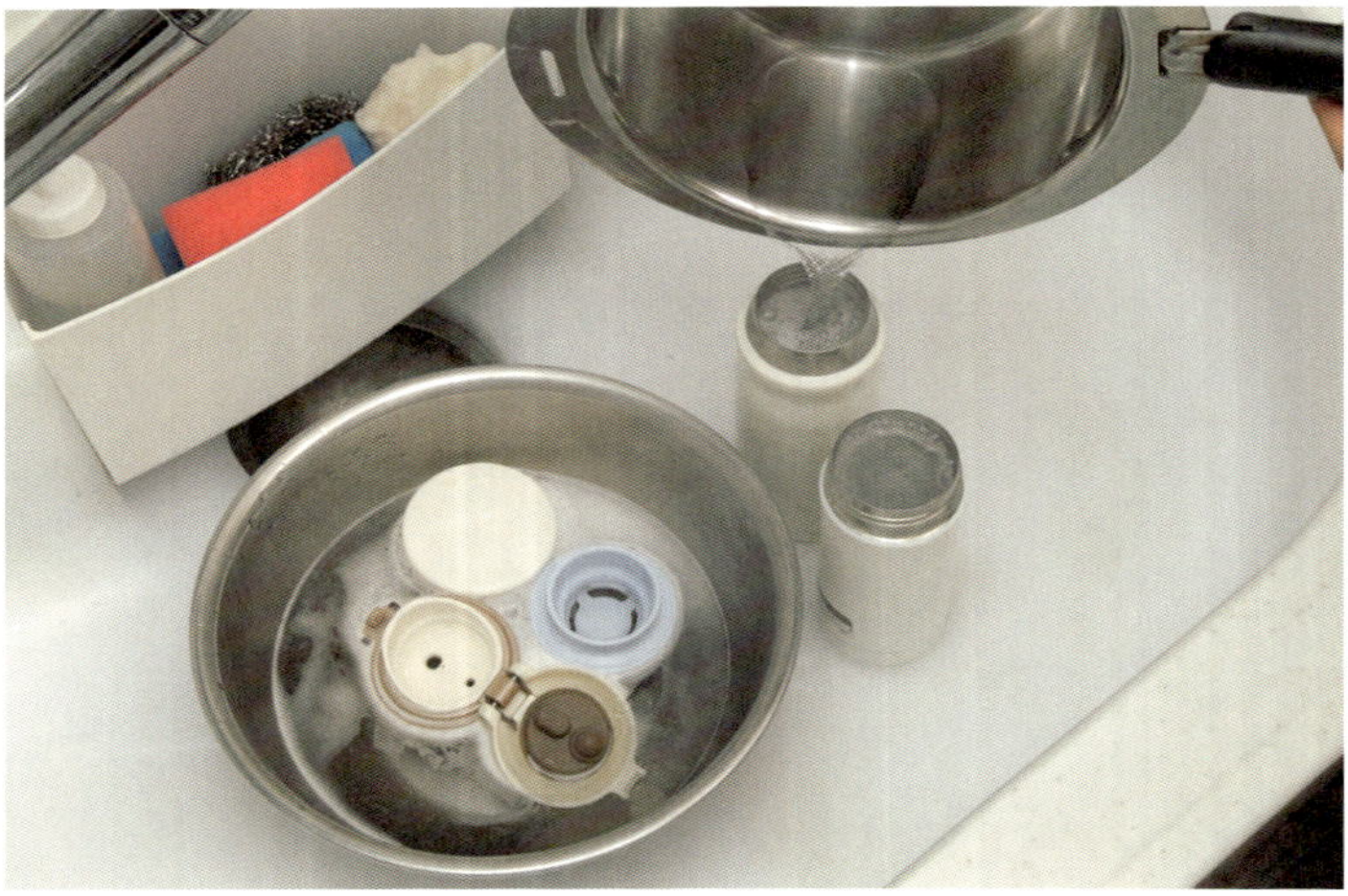

除菌・漂白が一度にできる

水筒の除菌には、過炭酸ナトリウムと熱湯を利用します。水筒の中に直接過炭酸ナトリウムと熱湯を入れることができ、手軽に行えます。水筒の耐熱温度に注意を。

おそうじSTEP！

水筒の中に直接、過炭酸ナトリウム小さじ1を入れる。

部品をすべてボウルに入れ、同じく過炭酸ナトリウム小さじ1を入れる。

沸かした湯を注ぎ、冷めるまでつけ置きする。

汚れ別洗剤チェック！

茶渋・雑菌 →

過炭酸ナトリウム

まな板

汚れポイント

- 雑菌

過炭酸ナトリウムで解決！

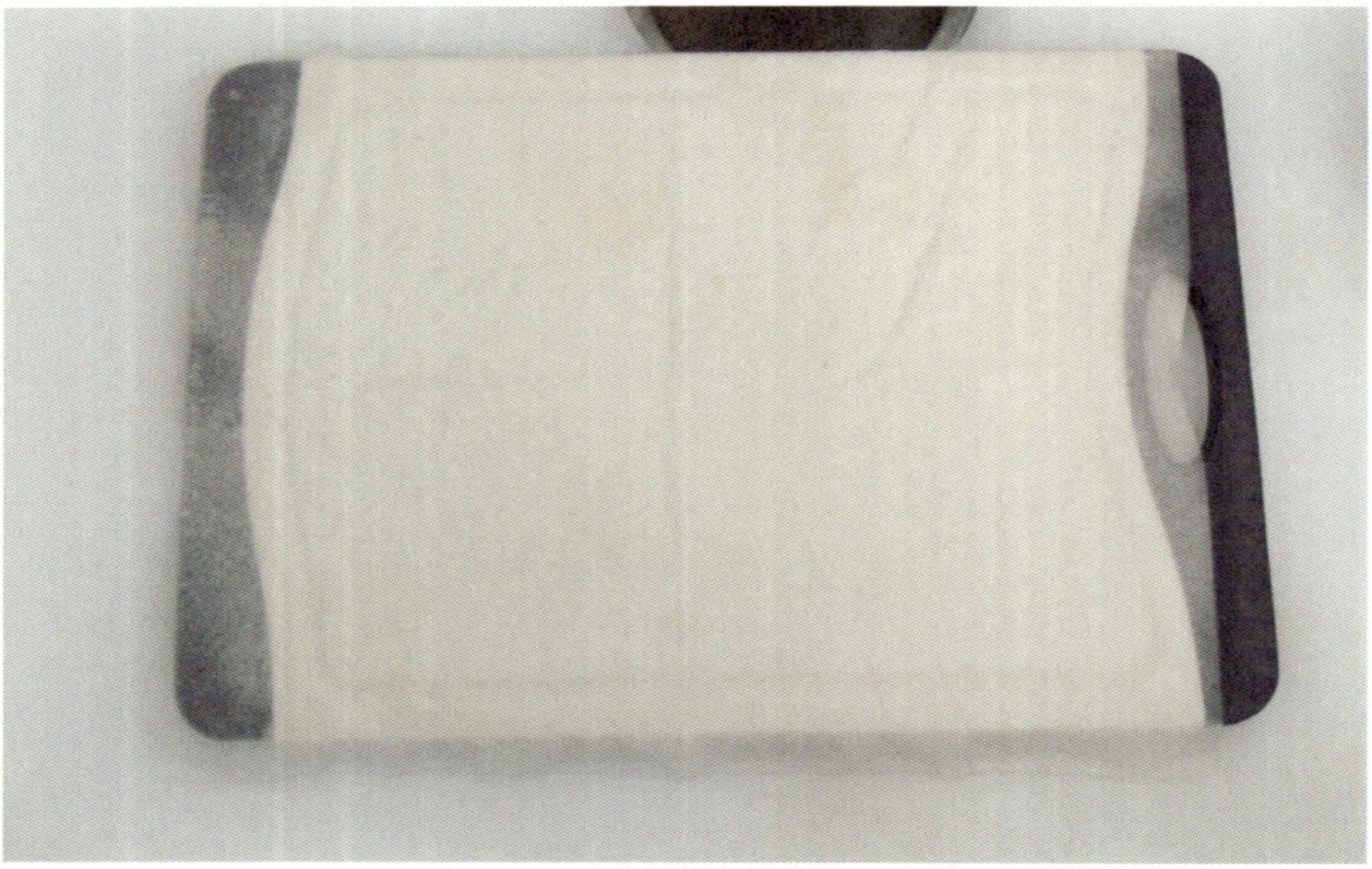

まな板をキッチンペーパーでコーティング

まな板の除菌も同様に過炭酸ナトリウムと熱湯を使用します。水筒と違い、湯をためておけないので、キッチンペーパーで包んで湯が流れ落ちないようにコーティングをして、まな板にしっかり過炭酸ナトリウムを定着させましょう。

おそうじSTEP！

過炭酸ナトリウム小さじ1をボウルに入れる。

沸騰させた湯を過炭酸ナトリウムと合わせる。

まな板をキッチンペーパーで包むようにコーティングする。

過炭酸ナトリウム液をかけ、浸す。しばらくつけ置く。

もっと知りたい！

COLUMN

おそうじの仕方

本書で紹介しきれなかった場所のそうじ方法を解説します。

●お茶ポット

茶渋は水筒（P102参照）と同様に、湯を入れて過炭酸ナトリウムを加え、つけ置きするだけでキレイになります。

●網戸

戸建ての場合は、外して水洗いすることができますが、マンションなど集合住宅の場合はなかなかむずかしいもの。重曹水をスプレーして、ぞうきんで拭きあげましょう。

●加湿器

電気ケトル（P52参照）と同様に、水アカができます。加湿器に湯を入れクエン酸小さじ1を加え、結晶化した水アカを緩めて重曹でこすり落としましょう。

●ブラインド

主な汚れはほこりや油汚れです。重曹水を含ませた軍手をゴム手袋を着用した上に装着して、羽根の間に指を入れ拭きとります。

●カーテンレール

汚れの上にほこりが積もってしまったら、なかなか水拭きだけでは落ちません。重曹水を含ませたぞうきんを使って拭きとりましょう。

普段からほこりをためないよう、はたきなどでこまめにそうじするのがポイントです。

●自動車

主な汚れは、油汚れです。重曹水を大量に使うので、バケツなどにたっぷり作り、重曹水を含ませたぞうきんやスポンジで拭きとります。

たくさん作るときは、2ℓのペットボトルで水を量ると便利です。比率はスプレーボトルのときと同様、湯2ℓに対して重曹を50mℓ用意しますが、洗車の場合は水で洗い流すのであまり気にすることはありません。

Part 3

知っておくと便利な
そうじの科学

汚れが落ちるメカニズムには、洗剤と汚れの化学反応が大きく関わっています。力を入れてこすってもなかなか落ちないがんこな汚れも、「なぜ落ちるのか」を理解すれば簡単にキレイになります。ここでは、汚れのつき方、落とし方を知っておきましょう。

家にひそむ汚れたち

油汚れ

汚れるのはキッチンだけではない

油汚れがつくのは、実はキッチンだけでなくリビングなど部屋全体に及びます。これは料理中に油を含んだ蒸気が広がり、至るところに付着するためです。油汚れは時間が経つごとにベタつきが増し、最終的に固まってこびりつきます。予防のためにも、蒸気を広げる元の換気扇の汚れをしっかりそうじすることが大切です。

水アカ

水まわりにできるイヤな汚れ

洗面器や浴槽、蛇口、シンクなどの水まわりにこびりつく白い汚れが水アカです。水道水に溶けたミネラル成分が蒸発して、次第に積み重なり、拭きとっても、乾くとまた汚れが浮き上がるようになります。手入れを怠ると水アカの上から汚れが付着して黒くなったり、トイレの水たまり周辺にスジ状の黄ばみができたりしてしまいます。

カビ

湿気のこもる場所に発生する

家の中でカビが発生しやすい場所といえば、水をよく使う浴室やキッチン、湿気のたまりやすい下駄箱や押入れなどがあります。気密性の高い現代の住宅では、換気に気をつけていても湿気がこもり、カビが発生してしまうことがあります。加えて入浴中に飛び散ったシャンプーが残り、カビの原因になることもあります。

イヤな臭い

**布やほこりが
イヤな臭いを吸収！**

部屋からイヤな臭いがする原因は、カーテンなどの布製品や部屋にひそむほこりが生活臭を吸っているためです。ほこりがたまりやすいタンスの上や冷蔵庫の裏など普段なかなかそうじしない場所も、大そうじの機会にしっかりキレイにすることが、臭い対策にもつながります。布製品は、丸洗いできるものは洗濯機で洗いましょう。

ヤニ

壁の汚れに要注意

換気に気をつけているつもりでも、タバコのヤニは壁に付着し、壁紙を徐々に黄ばませます。タバコだけでなく、お香やキャンドルも原因のひとつです。

こびりつき

**ガスレンジや
鍋の底に**

鍋の底を焦がしてしまってできた焦げつきや、茶渋、がんこな油汚れなど、一旦こびりついた汚れは落としにくく、やっかいです。

洗濯と抗菌

シミ・黄ばみ

衣替えでとり出した衣服にシミや黄ばみがついていた、というトラブルは少なくありません。黄ばみの原因はさまざま。洗濯機で何回洗ってもなかなか落ちないことも。一見キレイでも、見えない汚れは時間の経過で浮き出てくるので注意しましょう。

殺菌・漂白

外出先では消毒液での除菌に気をつけている人でも、自宅で繁殖する菌については意外と盲点になっているもの。まな板やふきん、タオルなど洗ったらしっかり乾かすのが除菌のポイントです。スポンジやブラシなどのそうじグッズも、使い終わったらすぐ洗って乾かしましょう。

科学でおそうじ 1

水アカができる理由

気づけばできている、シンクや風呂場などの水まわりの白いこびりつき。この正体は水アカです。放っておくと固くなって落ちづらくなってしまい、やっかいな汚れに！

酸の力を使って がんこな汚れを落とそう

キッチンや洗面台の蛇口など、水まわりの白くこびりついた汚れ。なかなか落ちないので悩む人も多いでしょう。

　水にはカルシウムやマグネシウムなどの「ミネラル分」と呼ばれる物質が含まれています。水を使ったとき、水分は蒸発しますが、このミネラル分は残ったまま。それが時間とともに変化し、固まったのが「水アカ」です。

　風呂場のプラスチックの洗面器や椅子などにこびりついているのは、「石けんカス」です。これは水に含まれるミネラル分と石けんが反応し、発生する脂肪酸カルシウムなどのことをいいます。

　水まわりにできる汚れは、アルカリ性なので酸性の洗剤を使うのが効果的です。しかし市販の洗剤は中性～アルカリ性のものが多いため、あまり効きません。

　そこで酸性の洗剤として、お酢やクエン酸などを使います。おすすめのそうじ方法は「クエン酸パック」で、蛇口などの水アカ部分に水に溶かして作ったクエン酸水をまんべんなく吹きかけ、キッチンペーパーで包みます。その上からさらにクエン酸水をかけて5分ほど放置し、濡らしたぞうきんでしっかり拭きとる、という手順です。最後に拭きとるのは拭き残しがあると酸が残り、ベタついたりサビを発生させたりする可能性があるためです。

　水アカは放置すればするほど落ちづらくなる汚れです。発生を防ぐためにも、日ごろからクエン酸を使ってそうじしましょう。

水アカができる主な場所

- 風呂場、風呂の鏡
- 洗面台
- シンク
- 蛇口の根元
- 電気ポットの底
- 加湿器の中

これで水アカに対抗！

クエン酸水
水1カップにつき、小さじ1/2のクエン酸を溶かしたもの。必須アイテム。

キッチンペーパー
クエン酸パックのときに汚れを包むのに使う。すぐ破れない厚めの紙のほうがよい。

ヘラ　鏡につく水アカに。水に濡らした紙やすりに包んで使う。

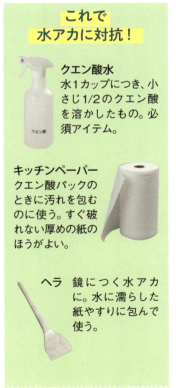

科学でおそうじ 2

カビができる理由

風呂場の床などによく見られるピンク色のぬるぬるした汚れやタイルの目地にできる黒い汚れは、実は両方ともカビ。一度繁殖すると、なかなか落ちなくなってしまいます。

Science

繁殖したらなかなか落ちない！ 毎日予防することを心がけよう

カビの中には醤油や納豆など、食物に利用されているものもあり、すべてが有害というわけではありません。

　しかし、黒カビや赤カビなど住居に発生するカビは、一度生えるとなかなか除去できない、大変やっかいな存在です。そこで、こまめな予防で繁殖を防ぎたいもの。

　黒カビはタイルの目地や風呂の蓋、ドアのゴムパッキンなどの水まわりや押入れなどの湿気の多い場所に生えやすいカビです。初期なら拭きとることもできますが、放置すると菌糸を伸ばして深くまで根を張ってしまいます。この段階になると残念ながら完全にとり除くことはむずかしくなります。とにかく普段から水分を残さないように拭きとり、アルコールで除菌することです。

　赤カビは風呂の床などに発生す

る、ぬめりを伴うピンク色の汚れです。黒カビと違ってそうじすればキレイになるので、重曹でこすってよく洗い流しましょう。赤カビも水を残さないよう水気をしっかり拭きとるだけで防げます。

そのままにしてしまうとカビ臭くなったり、アトピー性皮膚炎や喘息などのアレルギー性疾患の原因になったりと、私たちの人体にさまざまな悪影響を及ぼします。

カビは20℃以上の温度、水分、そしてエサとなる汚れがあるとどんどん繁殖します。どれかひとつを断てば予防できるので、こまめな換気やそうじを心がけましょう。

カビができる主な場所

- 浴室の床や壁
- タイルの目地
- ドアのゴムパッキン
- 流しの下
- 押入れや靴箱
- 結露しやすい窓

これで カビに対抗！

アルコール水
高い殺菌能力をもつアルコール。水を拭きとってからスプレーする。

マイクロファイバークロス
水分を拭きとるときは、これを使えばキレイに水気をとることができる。

ブラシ
風呂場のドアのゴムパッキンやタイルの目地などは重曹をかけて細めのブラシでみがく。

科学でおそうじ 3

油汚れの落とし方

換気扇やコンロなどのキッチンまわりをはじめ、さまざまな場所に存在する油汚れ。放っておくと汚れがこびりついてしまい、そうじが大変なことになります。

Science

気がついたらすぐに拭きとることがポイント！

油汚れというと、調理で使う油によってできるキッチン汚れが代表的ですが、それだけではありません。例えば、家電製品や壁などにつく手アカ。これは私たちの皮脂によって作られます。また、浴槽につく湯アカに含まれる皮脂も油汚れの一種といえます。

油汚れはこびりついたまま放置すればするほど、キレイにするのがむずかしくなります。油は空気に触れると酸化が進みます。油汚れを放置すると、そのままほこりなどが付着して、あのドロドロ汚れになってしまうのです。コンロの場合は、付着したまま再び加熱することで固く落ちにくくなります。

つまり、油汚れを防ぐポイントは、毎日の調理など家事のついでにしっかり油を拭きとることです。油は熱いうちなら簡単にサッと拭きとれます。
普段のそうじなら、アルカリ性の重曹水や、アルコール水をスプレーして拭きとるだけで十分です。コンロだけでなく、まわりの壁なども忘れずにキレイにしましょう。

もし、がんこな汚れになってしまったら、重曹水をスプレーしたうえでヘラを使ってみがきます。五徳や換気扇のフィルターなどパーツが外せるものは、過炭酸ナトリウムで煮洗いしたりつけ置きしたりする方法が有効です（P42参照）。

手アカや湯アカはアルコール水をスプレーして化学ぞうきんなどで拭きとります。特に手アカは階段の手すりやドアノブなどさまざまな場所についています。日常的にそうじしましょう。

油汚れができる主な場所

- コンロ
- コンロまわりの壁
- 調理器具
- ドアノブなど手の届く範囲
- 浴槽

これで油汚れに対抗！

重曹水
油汚れは酸性なので、アルカリ性の重曹で対抗を。

過炭酸ナトリウム
強いアルカリ性なので、がんこな油汚れが落とせる。

キッチンペーパー
油はねのあるキッチンまわりの壁は重曹水をスプレーしてパックする。

科学でおそうじ 4

こびりつきの落とし方

こびりつきはがんこな汚れのこと。うっかり焦がしてしまった鍋やフライパンの底、カップなどにつく茶渋など、こびりついた汚れは、少しこすっただけではなかなか落ちません。

Science

時間をかけてできてしまった汚れはじっくり落とそう

こびりつきといっても、鍋やフライパンなどの焦げつきからカップなど食器につく茶渋、コンロやグリルの焦げつきや油汚れなどさまざまなものがあります。これらに共通するのは時間をかけて蓄積された、がんこな汚れということです。できてから放っておいた汚れは、パックやつけ置きなどで浸透させると、力を入れずに落とせるようになります。

例えば、鍋やフライパンの焦げつき。一般的な台所洗剤でこすっただけではなかなか落ちてくれません。そんなときに使えるのが重曹です。重曹は、粒子が細かく水に溶けにくいのでキッチン掃除にはクレンザー代わりとして使えます。

それだけでなく、重曹と水を鍋に入れて火にかけると二酸化炭素の泡が発生します。この泡の力で焦げつきを落とすことができるのです。沸騰したらすぐに火を止め、冷めるまでそのままにしておけば自然と焦げが浮き上がってくるので、後は力をこめなくても汚れを落とすことができます。もし、それでも焦げつきが残っていたら、重曹を振りかけて、たわしなど固いブラシでこすりましょう。

茶渋も、わざわざクレンザーを買わなくても、同じように重曹を振りかけてこすれば、キレイになります。

コンロやグリルのこびりつきは油汚れが主なので、重曹などのアルカリ性の力で落とせます（P114参照）。

こびりついた汚れには、性質に合わせて中和する洗剤を選びましょう。

こびりつきができる主な場所

- 鍋やフライパンなど
- カップなどの食器
- コンロ
- グリル
- 換気扇のフィルター

これでこびりつきに対抗！

重曹
重曹の発泡作用を利用して焦げを浮かし、落としやすくする。

ヘラ
コンロなどの焦げや油汚れは、ヘラをぞうきんにくるんでこすり落とす。

細いブラシ
細いブラシは換気扇のフィルターをそうじするときに。重曹をかけてこする。

科学でおそうじ 5

タバコのヤニの落とし方

自身が喫煙していたり家族に喫煙者がいたりすると、どうしても避けられないタバコのヤニ汚れ。気がつけば壁は黄ばみ、部屋全体がタバコ臭に包まれてしまいます。

Science

壁の汚れには重曹水、臭いにはクエン酸水が効く

タバコの成分表を見ると、必ずタール（ヤニ）の量が記載されています。タバコを部屋で吸う人が家族にいると、どうしても気になるのがヤニによる壁紙の汚れ、臭いです。

ヤニは歯を黄色くすることで知られていますが、壁紙も同じように黄色く変色してしまいます。賃貸住宅に住んでいる人は、退去時に壁紙の張り替え代やクリーニング代などを自己負担しなくてはならない可能性があるので、特に気をつけたいポイントです。

壁についてしまったタバコのヤニは、重曹水を吹きかけてマイクロファイバークロスなどで拭きとればキレイになります。広い範囲の壁をそうじするときは、あらかじめバケツに重曹水を作っておくとよいでしょう。また、タバコの臭いはアルカリ性なので、酸性のクエン酸水が

消臭に効果的です。

　タバコの臭いは衣類だけでなく、カーテンや壁紙など部屋のありとあらゆる場所についてしまいます。特にカーテンはタバコだけでなく、料理やペットなどさまざまな生活臭を吸いとります。そのまま放っておくと、部屋に足を踏み入れた瞬間、「イヤな臭いがする」なんてことにも。

　カーテンの臭いは、洗濯機で丸洗いしてしまうのが一番です。酸性の臭いなら重曹水をかけるだけで、消臭することができます。

　ヤニ汚れは、変色するなどひどくなる前に毎日のそうじで予防に努めましょう。

タバコのヤニで汚れる主な場所

- 壁紙
- 天井
- カーテン
- 衣類

これで タバコのヤニに対抗！

重曹水
壁の黄ばみには重曹水を拭きかけて、マイクロファイバークロスなどで拭きとる。

クエン酸水
タバコの臭いはアルカリ性なので、酸性のクエン酸水が効く。

マイクロファイバークロス
重曹水、クエン酸水をスプレー後、マイクロファイバークロスで拭きとる。

科学でおそうじ 6

イヤな臭いを予防する

家に帰ってドアを開けた瞬間、何か臭う……。それは家のどこかに臭いが染みついてしまった証拠です。臭いには必ず原因があります。臭いの元を突き詰め、しっかり消臭を。

Science

消臭剤を買うより毎日汚れを残さないことが大切

臭気は嗅覚を通して脳に伝わり、私たちはそこで「いい匂い」か「イヤな臭い」かを判断します。イヤな臭いにはどのようなものがあるでしょうか。タバコの臭い、生ゴミの臭い、トイレの臭い……。これらの悪臭にはすべてその場所に臭いの原因があります。そして臭いの元はひとつではないかもしれません。

例えば、キッチンにはさまざまなイヤな臭いが隠れています。代表的なイヤな臭いは、生ゴミなどの腐敗臭です。排水口や三角コーナーのイヤな臭いも、食べもののカスなどが詰まってぬめりになったことで発生します。これらは重曹水を吹きかけたり、過炭酸ナトリウムの発泡作用で汚れを落としたりすることで消臭できます。

リビングではタバコや料理などの生活臭が残ってイヤな臭いとなりま

す。カーテンなどには日常的に重曹水を吹きかけることで防臭できます。

　押入れやシンクの下など、高温多湿の場所はカビが繁殖しやすく、独特のカビ臭さがあります。定期的に換気を心がけ、アルコールをスプレーしてカビの発生を防ぎます。

　トイレのアンモニア臭は時間が経った尿はねが原因です。尿は思っているより壁や床に飛び散っています。使用後、すぐにアルコール水で拭きとれば、臭いは発生しないでしょう。

　イヤな臭いを防ぐためにも、日ごろから汚れを残さないことが大切です。

イヤな臭いが発生する主な場所

- 三角コーナーや排水口
- ゴミ箱
- トイレ
- カーテン
- カーペット
- シンクの下や押入れ

これで イヤな臭いに対抗！

重曹水
カーテンやカーペットの臭いをとるのに使える。日ごろのお手入れに。

クエン酸水
トイレのアンモニア臭に効く。床や壁、便器などすべてに使える。

マイクロファイバークロス

重曹水、クエン酸水をスプレー後、マイクロファイバークロスで拭きとる。

科学でおそうじ 7

シミ、黄ばみを落とす

「ちゃんと洗濯しているのになぜか黄ばみが残ってしまう」という悩みはよく聞きます。シミや黄ばみなど衣服のトラブルはクリーニングに出さないと落ちないのでしょうか。

Science

合成洗剤で落ちない汚れも重曹や石けんで解決！

そうじと同じように毎日の暮らしに欠かせない洗濯。しかし、しっかり洗濯しているにもかかわらず、袖口や脇、襟元が黄ばんだり黒ずんだりしてしまうことがあります。しかも何回洗濯してもなかなか落ちてくれないのです。

衣類の黄ばみは、汗ジミや酸化した皮脂汚れが原因のこともあれば、石けんが原料の油に戻り衣類をコーティングすることが原因になることもあります。

黒ずみは角質のたんぱく質が原因です。こちらは汚れ部分を水で濡らしたうえで固形石けんを塗りつけ、洗濯ブラシなどでこすり洗うとキレイに落ちます。石けんのほかにも、過炭酸ナトリウムも効果的です。

黄ばみや黒ずみがひどい場合やシミ抜きをしたい場合は、煮洗いがおすすめです。大きめの鍋に水を張り、石けん、過炭酸ナトリウム各小さじ1を入れます。洗濯物を中に入れ、そのまま火にかけ、沸騰するまで加熱します。沸騰したら冷めるまでそのままつけ置きし、後はしっかりすすぐだけでOKです。そのまま洗濯液ごと洗濯機に入れて、普通に洗濯してもかまいません。熱に強く、色落ちの心配のない布地なら、煮洗いで黄ばみ、シミ、タオルについた黒カビなどがキレイに落ちます。

　血液のシミは、主成分がたんぱく質なのでアルカリ性の洗剤が効きます。血液汚れがついたらすぐに重曹水などに浸しておくと、キレイに落ちるでしょう。

シミ、黄ばみができる主な場所

- 袖口
- 襟元
- 脇
- 帽子の内側

これで シミ、黄ばみに対抗！

過炭酸ナトリウム
殺菌や漂白の力が高い。ひどい汚れはつけ置きがよい。

固形石けん
汚れた袖口などに塗りつけ、こすり洗うだけでキレイに。

洗濯ブラシ
襟元や袖口の汚れを毛先でかき出す。

科学でおそうじ 8

食器やまな板などの殺菌

食品に直接触れる食器やまな板は清潔に使いたいアイテムですが、同時に菌が繁殖しやすいものでもあります。正しい殺菌方法を知り、常にキレイにしておきましょう。

Science

落としきれない雑菌は過炭酸ナトリウムとお湯で撃退！

毎日の料理で使うキッチン用具や食器は、口に入れる食品に直接触れるものなので、衛生を保つよう気をつけなければいけません。しっかりと洗っているつもりでも、食器には食品の残りカスや手指からの汚れ、洗剤の洗い残しなどが付着しており、そこから菌が繁殖します。特に、まな板はキッチン用具の中でも菌が繁殖しやすく、台所用洗剤で洗っただけでは菌を落としきれないことがあります。しっかり殺菌し、清潔な状態を保ちましょう。

食器やまな板などの殺菌には過炭酸ナトリウムを使います。過炭酸ナトリウムは水分と反応すると過酸化水素を放出しながら炭酸ソーダになります。過酸化水素は強い酸化力があり、シミの色素を分解して無色にしたり菌を殺したりすることができます。

　殺菌は湯を使うことがポイントです。例えば、水筒は中に直接過炭酸ナトリウムを入れます。キャップなどの外せる部分はすべて外してボウルに入れ、同様に過炭酸ナトリウムを加えます。そして、沸かした湯を水筒、ボウルの中に直接注ぎ、そのまま冷めるまでつけ置くことで殺菌するのです。まな板や包丁など湯が流れてしまうものを殺菌したいときは、キッチンペーパーを使うとよいでしょう。やり方は、過炭酸ナトリウムを湯に溶いてまな板にかけ、キッチンペーパーでパックしてつけ置くだけです。

　食器などの殺菌は定期的に行うことをおすすめします。

雑菌が発生する主な場所

- 包丁やまな板
- 食器
- ふきん
- 水筒
- スポンジ

これで雑菌に対抗！

過炭酸ナトリウム
強い酸化力をもつ。食器だけでなく、衣類の漂白もできる。

アルコール水
アルコールは医療の現場で使われるほど、殺菌力がある。防カビに最適。

キッチンペーパー
まな板を除菌するときに過炭酸ナトリウムでパックする。

ナチュラル洗剤早見表

本書でとり扱っている洗剤の特性や適した場所をまとめました。

	重曹	クエン酸	過炭酸ナトリウム	アルコール	石けん
性質	ごく弱いアルカリ性	酸性	弱アルカリ性	ほぼ中性	弱アルカリ性
水への溶けやすさ	△（湯なら○）	○	○	○	△（湯なら○）
研磨力	○	×	×	×	×
消臭力（臭いの原因による）	○（酸性）	○（アルカリ性）	○（雑菌・酸性）	○（雑菌）	○（酸性）
除菌力	△	○	○	○	△
漂白力	×	×	○	×	×
スプレー水での使用・保存	△	○	×	○	△
粉での使用・保存	○	○	○	×	○
水アカに	×	○	×	×	×
油汚れに	○（古く固いものは△）	×	○	○	○
カビに	△	×	○	○	△
焦げつきに	○	×	○	×	×
ゴミの脱臭に（ゴミの種類にもよる）	○	○	○	○	○

	重曹	クエン酸	過炭酸ナトリウム	アルコール	石けん
シンクの汚れに	○	○	○	×	○
排水口に	○	×	○	×	×
コンロやグリルに	○	×	○	○	○
冷蔵庫に	○	×	×	○	×
電子レンジに	○	×	×	○	×
フローリングに	○	×	×	○	×
窓に	○（外の窓に）	×	×	○（中の窓に）	×
畳に	×	×	×	○	×
エアコンに	×	×	×	○	×
お風呂に	○（浴槽に）	○（鏡や小物に）	○（風呂釜に）	○（カビ予防に）	△
洗濯機に	×	×	○	×	×
トイレに	○	○	×	○	○
玄関に	○	×	×	○	×
押入れ／クローゼットに	×	×	×	○	×
まな板などの除菌に	×	×	○	○	×

ナチュラルクリーニング Q&A

ナチュラルクリーニングは身近な道具や素材を使って行いますが、
実は知っているようで知らないことばかり。
ナチュラルクリーニングをはじめる前に、もう少し知識を深めてみましょう。

Q. ナチュラルクリーニングで使う洗剤はどこで買えるの？

A. ナチュラルクリーニングで使う洗剤は、基本的にどこでも簡単に手に入れることができます。本書で紹介してきた洗剤はいずれもドラッグストアやホームセンター、量販店、１００円ショップなどで販売されています。

　基本的にどれも安価で購入することができますが、アルコールのみ少々値段が張ります。広い範囲のそうじには、水に溶かした洗剤を大量に使うので、そういった場合は思いきり使える重曹を活用したほうがよいでしょう。

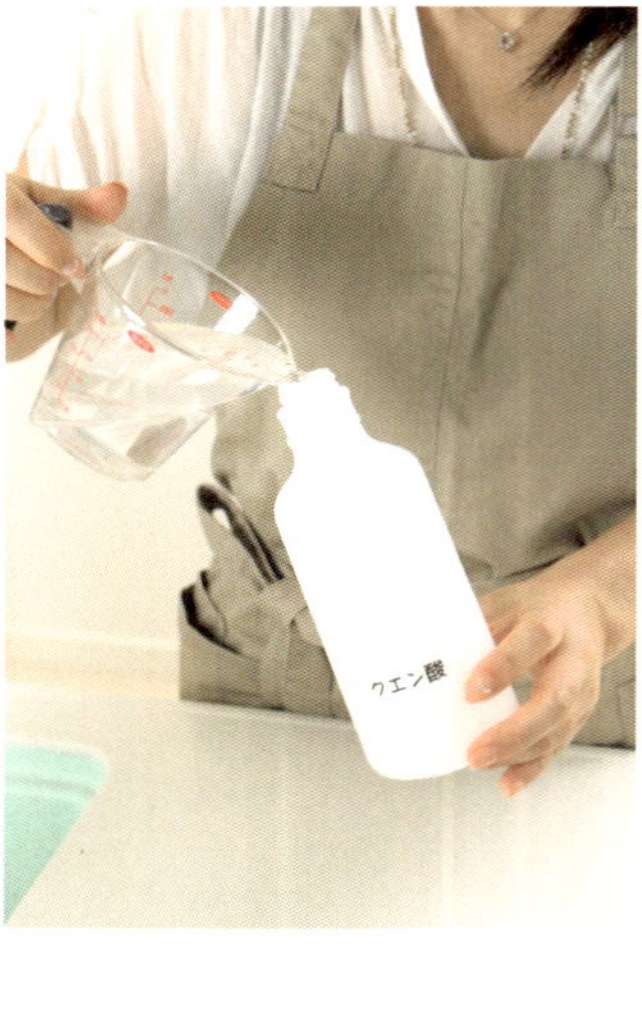

Q. ナチュラル洗剤はどんな場所でも使えるの？

A. 洗剤によっては使えない場所があるものもあります。例えば、重曹はアルミ素材に使うと黒ずんでしまう可能性があるほか、大理石や天然石が変色してしまうこともあるので、注意が必要です。

そのほかの洗剤に関しては、Ｐ14～25のそれぞれのページに記載してあるので、参考にしてください。

Q. ナチュラル洗剤はどうやって保管するの？

A. どの洗剤も蓋が閉まる容器に入れて、しっかり密閉した状態で保管します。保管場所は、直射日光を避け、湿気のない場所を選びます。

蓋が金属の容器だと錆びてしまう可能性があるので、プラスチックの容器を選びましょう。

なお、クエン酸水やアルコール水はそのまま数か月保存できますが、重曹水はクエン酸などと違って重曹の濃度が高いので、時間が経つと目詰まりを起こして容器を破損してしまう可能性があります。できるだけそのつど使い切りましょう。

Q. 市販の合成洗剤と混ぜてもいいの？

A. 多くの場合、混ぜても問題はありません。ただし、塩素系の洗剤と酸性の洗剤、つまりクエン酸を混ぜるのは有毒ガスが発生するので、絶対にいけません。塩素系の洗剤は、パッケージに「混ぜるな危険」と記載されているもので、市販のカビ取り洗剤などがそれにあたります。使用の際は注意しましょう。

Q. 野菜の皮などはそうじに活用できるの？

A. みかんの皮やコーヒーの抽出カスなど、余った食材をそうじに使うのは間違いではありません。

ただ、例えばみかんの皮でこすってそれを洗い流さないと、油汚れやシミが残ることがあります。元が食材なので、しっかり処理をしないと、目的の汚れは落ちても、また別の汚れに広がることがあるのです。

Q. 合成洗剤と比べて落ちが悪い気がする……

A. 汚れにも洗剤と同じように性質があるので（P9図参照）、「落ちが悪い」と感じたら、それは汚れと洗剤の相性が合っていない可能性があります。

「どんな汚れにも効く」などというオールマイティーの洗剤より、本来はひとつひとつの汚れに合う洗剤を選んだほうが汚れの落ちはよいはずです。例えば、市販のお風呂の洗剤は基本的にアルカリ性なので、床や壁には効きますが、水アカや石けんカスには効きません。

汚れと洗剤の性質を見極めることからはじめましょう。

Part 4

普段そうじとしっかり大そうじ

そうじの基本は、「汚れをためないこと」。汚れは時間が経てば経つほどこびりつき、落としづらくなります。ここでは毎日の家事にひと手間加えるだけで行える「普段そうじ」と、時間をかけてしっかりそうじしたいときやがんこな汚れを落としたいときに行う「しっかり大そうじ」を場所別に紹介します。

水アカ

特徴 水アカは水のミネラル成分が残り、時間とともに積み重なってできる汚れ。シンクや風呂場など水まわりにできる。

性質 アルカリ性

洗剤 重曹、クエン酸

シンク

普段はクエン酸水をスプレー。水気を拭きとることがポイント

普段そうじ 洗い物が終わったら重曹でみがき、しっかり洗い流す。最後は乾いたぞうきんで水気を拭きとる。

大そうじ 水アカが白くこびりついたら、クエン酸水を吹きかけ、キッチンペーパーで包む「クエン酸パック」を（P34参照）。

風呂の鏡

こびりついた水アカはクエン酸と紙やすりで落とす

普段そうじ 水を残さないことが大切なので、こまめにぞうきんで乾拭きしたり、スクイージーで拭きとる。

大そうじ クエン酸パックで水アカを緩ませ、スポンジでこする。それでも落ちなかったら、水アカ専用の紙やすりで落とす。

風呂の小物

使い終わったら水で洗い流す

普段そうじ 体から出た汚れが付着したままにならないよう、使用後はシャンプーや石けんなどをしっかり水で洗い流す。

大そうじ 浴槽に湯を張り、風呂小物をすべて入れて過炭酸ナトリウムを加える。そのままつけ置きする。

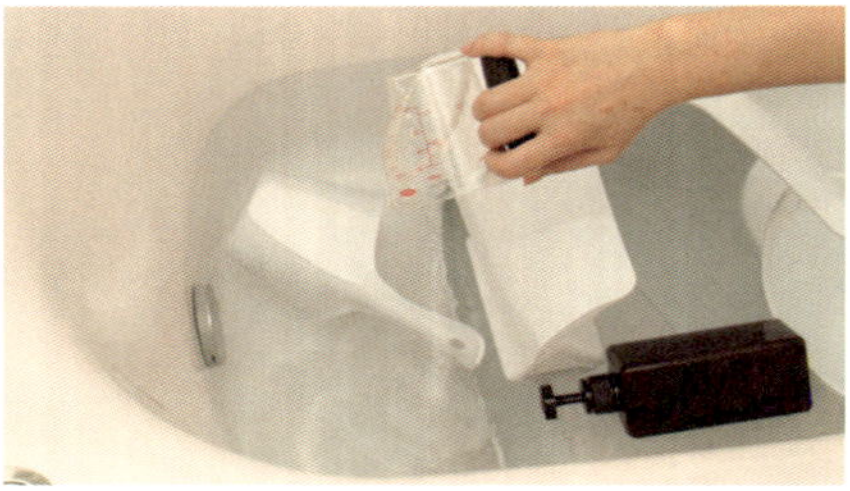

電気ケトルの底

底にできる水アカは
クエン酸と湯で撃退！

普段そうじ
こまめにクエン酸を入れて沸かすと、水アカのこびりつきを防げる。表面はアルコール水とふきんで拭く。

大そうじ
電気ケトルの中に水を適量入れて、クエン酸を小さじ1加える。普通に電気ケトルのスイッチを入れて湯を沸かす。

洗面台

水アカが気になったら
クエン酸水をスプレー

普段そうじ
そうじ方法は基本的にシンクと同じ。粉末の重曹を振りかけ、スポンジでこすり洗いして水で流し、拭きとる。

大そうじ
水アカが気になるようになったら、蛇口を含めて全体にクエン酸水をスプレーしてぞうきんで拭きとる。

食洗機

クエン酸を入れて
洗浄するだけ！

普段そうじ
中のかごは洗い残しなどで汚れている。ほとんどは取り外すことができるので、外して重曹や石けんで洗う。

大そうじ
取り外せない部分は水アカで汚れがち。空の状態にして、小さじ1のクエン酸を入れ、洗浄するだけでキレイに。

油汚れ

特徴 主にキッチンまわりにできる。油汚れがついたまま放置すると、なかなか落とせなくなるので注意。

性質 酸性

洗剤 重曹、過炭酸ナトリウム、石けん

重曹 ＋ 過炭酸 ＋ 石けん

コンロ

五徳は外して しっかり毎日拭きそうじ

普段そうじ 取り外せる五徳は外して、食器を洗うようにこまめに毎日洗う。コンロ本体は重曹水で拭きとる。

大そうじ 鍋に水を入れて過炭酸ナトリウムと石けんで煮洗いするか（P42参照）、シンクに湯を張ってつけ置きする（P44参照）。

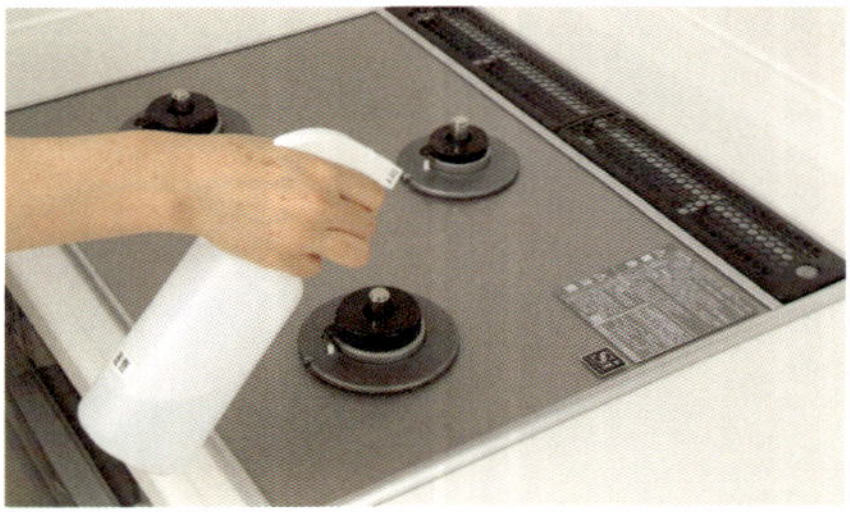

オーブントースター

揚げ物を温めたときは 特に油汚れに注意！

普段そうじ 使うたびに重曹水で拭きとれば、汚れがこびりつくこともない。揚げ物は特に油が落ちるので注意。

大そうじ 網などが取り外せるときは外して重曹パックでつけ置き、粉末の重曹で汚れをこすり落とす（P52参照）。

グリル

できるだけ使うたびに 汚れを落とす

普段そうじ 受け皿は重曹を振りかけて洗い流し、焼き網は重曹パックでつけ置く（P46参照）。使うたびに行うとよい。

大そうじ 本体は取り外せないので、重曹水で拭く。汚れがついたまま使うと落ちなくなるので、できるだけこまめに。

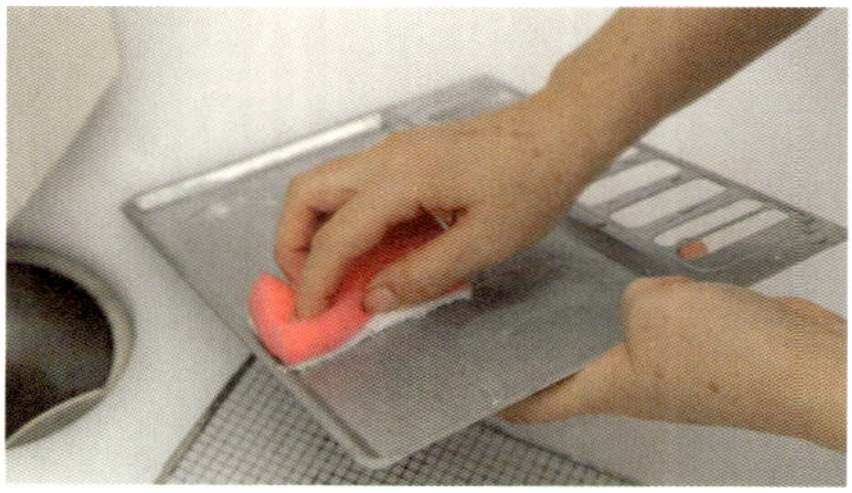

ダイニングテーブル

水拭きだけでは落とせないベタベタ

普段そうじ
食事後、水拭きだけでもよいが、アルコールをスプレーして拭きとったほうが油汚れを解消でき、かつ除菌もできる。

大そうじ
ベタつきがひどくなったら、重曹水をスプレー。それでも落ちなかったら、粉末の重曹でこすり落とす。

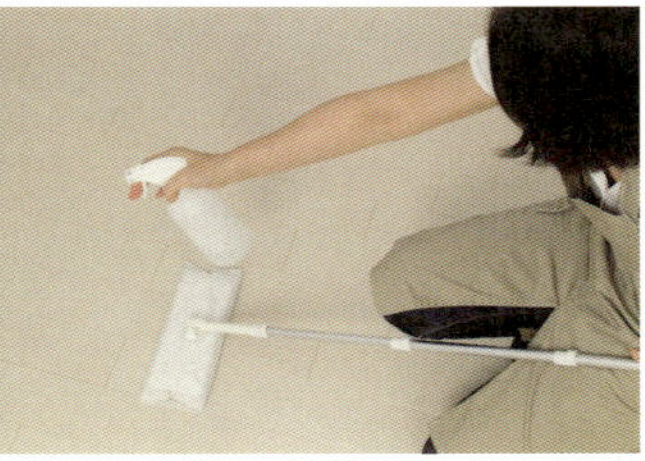

フローリング

ベタつくと思ったらアルコール水で拭きとる

普段そうじ
ほこりは水拭き、油汚れはアルコール水で拭きとる。ただ、ワックスがけした場合ははがれる可能性があるので重曹水のほうがよい。

大そうじ
四隅や溝など、ぞうきんで拭きとるのがむずかしい場合は割り箸やヘラを重曹水ぞうきんで包んで落とす。

電子レンジ

油汚れや食べこぼしは重曹で拭きとる

普段そうじ
温めていて汁などをこぼしたり、汚れが飛び散ったら、そのつど重曹水で拭きとる。

大そうじ
重曹水を含ませたふきんを中に入れて、30秒ほど加熱。重曹水の蒸気と熱が汚れを浮かす（P50参照）。

こびりつき

特徴　鍋やフライパンなどの焦げつきや時間が経った油汚れなど、がんこな汚れのこと。場所によって汚れも洗剤も性質が異なる。

性質　場所により異なる

洗剤　場所により異なる

換気扇

こびりつきになる前に気がついたらそうじを

普段そうじ　換気扇のフードは、油がはねていることがあるので、気がついたときに重曹水ぞうきんで拭きとる。

大そうじ　フードは重曹パックで汚れを浮かして拭きとる（P40参照）。フィルターは過炭酸ナトリウムでつけ置きする。

食器の茶渋

気づいたらできてしまっている色素汚れ

普段そうじ　重曹をかけ、こすり洗いする。また、何も使わなくてもメラミンスポンジでこすり洗いすればキレイになる。

大そうじ　麦茶ポットなど中まで手が届かないような容器は、水筒と同様、過炭酸ナトリウムで漂白、除菌を（P102参照）。

鍋などの焦げつき

焦がしてしまったらすぐ重曹で落とそう

普段そうじ　中身を水で洗い流し、水を張って重曹を小さじ1入れる。火にかけ、沸騰したらすぐ火を止める。重曹は必ず水の状態で入れること。

大そうじ　五徳と同様、より大きい鍋に入れて煮洗いするか（P42参照）、シンクに湯を張ってつけ置く（P44参照）。

ほこり

特徴 気づくと部屋の隅や家具の上にたまっているほこり。放置しておくと、ダニが発生したり臭いを吸って悪臭の原因になったりすることも。

性質 特になし

洗剤 重曹、アルコール

重曹 ＋ アルコール

食器棚

食べものを盛る食器はいつでも清潔に

普段そうじ 食器の間に入るワイパーで、こまめにほこりを拭きとる。普段は食器を入れたままそうじすればよい。

大そうじ 中に入っている食器をすべて出し、固く絞った重曹水ふきんで拭きとる。食器は水気が乾いてから戻す。

タンスの上

できるだけこまめにはたきやそうじ機で吸いとる

普段そうじ 気がつくとほこりが積み重なっているタンスの上。はたきではたいたり、そうじ機で吸いとったりしよう。

大そうじ 拭きとるのがむずかしいときは、紙を敷いておき、大そうじのタイミングで交換するだけの簡単な方法も。

エアコン

フィルター部分はできるだけほこりをためない

普段そうじ エアコンはフィルター部分にほこりがたまりやすい。できるだけこまめにそうじ機で吸いとる。

大そうじ フィルターを取り外し、水で洗い流す。液体石けんとスポンジでこすり洗い、アルコール水を吹きかけ干す。

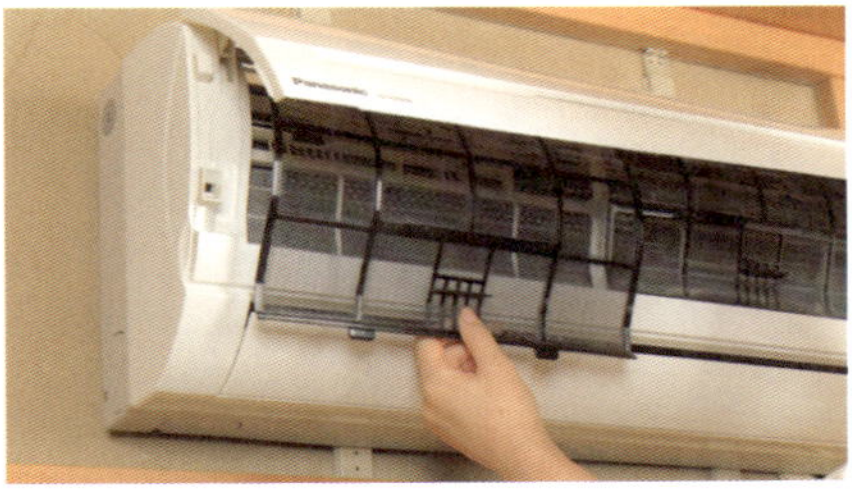

カビ

特徴
カビは一度繁殖するとなかなか落とせない雑菌。20℃以上の温度、水分、エサとなる汚れのどれかひとつを断って予防しよう。

性質
特になし

洗剤
重曹、アルコール

窓

内側はアルコール水をスプレーして防カビ

普段そうじ
窓の結露しやすい部分はカビが生えやすい。アルコール水をスプレーしてぞうきんで拭きとる。

大そうじ
大そうじも変わらない。外の窓も油汚れがついているので、重曹水を吹きかけ、スクイージーで拭きとる。

風呂場の床

できるだけ水滴を残さず換気し温度にも注意

普段そうじ
できるだけ水気を残さないよう、ぞうきんで水分を拭きとる。また、温度を下げるために換気を心がける。

大そうじ
重曹を床全体にまき、ブラシでこすり洗いする。カビの黒いシミは過炭酸ナトリウムでパックする（P79参照）。

風呂場のドア

ドアのゴムパッキンは特にカビが生えやすい

普段そうじ
とにかく水分を残さないことがポイント。毎日ぞうきんで乾拭きして、アルコール水で防カビを。

大そうじ
重曹をまいて、溝の部分を細いブラシでこすり洗いする。乾いたぞうきんで拭きとり、アルコール水をスプレー。

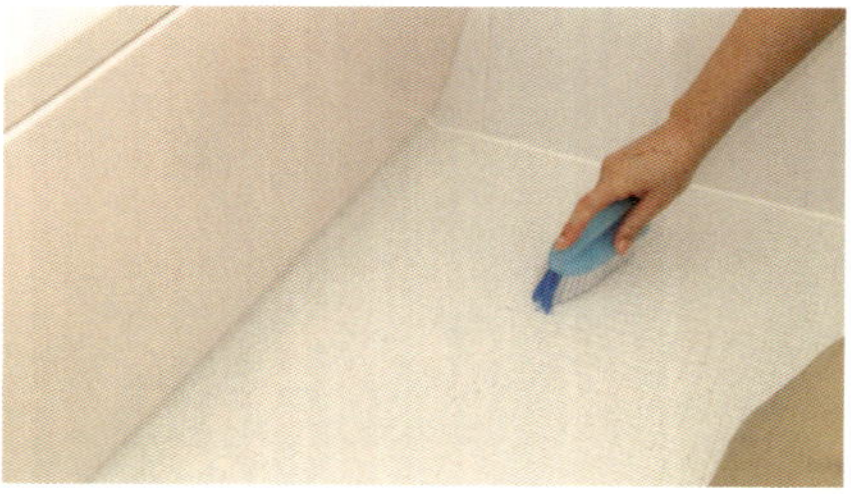

手アカ

特徴
手アカは体から出る脂などの汚れが原因。家電製品、階段の手すりなど毎日手の触れる場所には特に付着している。

性質
酸性

洗剤
重曹、アルコール

重曹 ＋ アルコール

パソコン・リモコン

ほこりはこまめにとり
手アカはアルコール水で

普段そうじ
普段ははたきではたいたり、そうじ機の先をブラシにとり替えたりして、ほこりを除去するとよい。

大そうじ
アルコール水を含ませた乾いたぞうきんで拭きとる。細かい部分は、同じくアルコール水に浸した綿棒を使う。

階段の手すり

重曹水でこまめに
手アカを拭きとろう

普段そうじ
階段の手すりは、手アカがつきやすい。重曹水を乾いたぞうきんにスプレーして拭きあげる。

大そうじ
普段そうじと変わらない。重曹水ぞうきんで拭きとれば、基本的に落ちる。

テレビ

アルコール水で
全体を拭きあげる

普段そうじ
テレビは静電気が起きるので、ほこりが付着しやすい。はたきなどでこまめにほこりをとる。

大そうじ
触ったあとが気になるようになったら、アルコール水を乾いたぞうきんにスプレーして全体を拭きあげる。

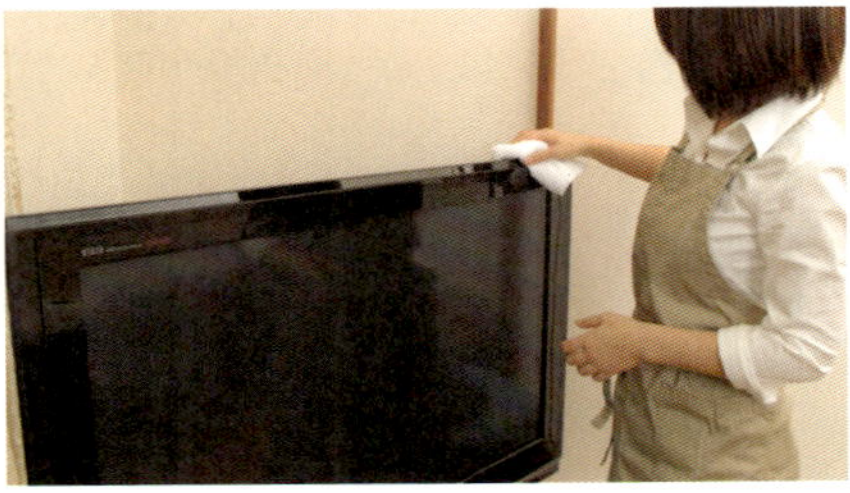

尿はね汚れ

特徴 尿は広範囲に飛び散る。酸性なので最初はアルコール水で、時間が経ったものはクエン酸水で拭きとる。

性質 酸性（時間が経つとアルカリ性）

洗剤 アルコール、クエン酸

アルコール ＋ クエン酸

便座

毎日のそうじはアルコール水、溝にはクエン酸パックを

普段そうじ
アルコール水をスプレーして、ぞうきんで便器全体を拭きとる。飛び散った尿のそうじや除菌もできる。

大そうじ
時間が経った尿はアンモニアになるので、クエン酸水で全体を拭きとる。便器の溝にはクエン酸パックを（P85参照）。

洗い場

水アカが付着するのでクエン酸水をスプレー

普段そうじ
主な汚れは水アカなので、できるだけ水滴が残らないようにこまめに乾いたぞうきんで拭きあげる。

大そうじ
全体をクエン酸水でスプレーする。乾いたぞうきんでしっかりと拭きとり、水分を残さないようにする。

トイレの床や壁

床にも壁にも尿は飛び散っている

普段そうじ
時間の経っていない尿なら、アルコール水をスプレーしたぞうきんで拭きとれば、キレイになる。

大そうじ
クエン酸水をスプレーして拭く。狭く手の入らない場所はブラシの持ち手をぞうきんで包んだものでこすり落とす。

イヤな臭い

特徴 リビングの生活臭、キッチンの腐敗臭など、イヤな臭いにはさまざまなものがある。原因を突きとめて消臭しよう。

性質 場所により異なる

洗剤 重曹、クエン酸

重曹 ＋ クエン酸

トイレの臭い

トイレの臭いは飛び散った尿が原因

普段そうじ 床や壁などに飛び散った尿がそのまま残るのが臭いの原因。使うたびにアルコール水で、尿を残さないようにする。

大そうじ 尿がそのままこびりついてしまったらアンモニアになるので、クエン酸水をスプレーして全体を拭きとる。

生活臭

布製品やほこりが生活臭を吸いとることでイヤな臭いに

普段そうじ カーテンは特に生活臭を吸いとるので、臭いが気になるようになったら重曹水をスプレーする。

大そうじ カーテンなどの布製品で丸洗いできる素材のものは、洗濯機で洗ってしまうのが一番効果的。

腐敗臭

生ゴミなどの汚れを残さないことが何より大切

普段そうじ 生ゴミを捨てるときは水気をしっかりきることがポイント。三角コーナーの汚れは重曹でこすり洗いする。

大そうじ 三角コーナーからイヤな臭いがしたら、過炭酸ナトリウムで漂白する。除菌も併せてできる。

索引

本書は2014年12月に小社より刊行した『ナチュラル洗剤で安・楽・早　ラクチンおそうじ虎の巻
保存版』を、持ち歩きやすく、本棚にも収納しやすいハンディ版に再編集したものです。

ナチュラル洗剤で安心・ラクチン
おそうじ虎の巻 ハンディ版

発行日　2016年11月30日　第1刷

Author____________本橋ひろえ

Book Designer_____五味朋代（フレーズ）

Publication________株式会社ディスカヴァー・トゥエンティワン
〒102-0093　東京都千代田区平河町2-16-1 平河町森タワー 11F
TEL　03-3237-8321（代表）
FAX　03-3237-8323
http://www.d21.co.jp

Publisher_________千場弓子
Editor_____________千葉正幸

Marketing Group
Staff_____________小田孝文　井筒浩　千葉潤子　飯田智樹　佐藤昌幸　谷口奈緒美　西川なつか　古矢薫　原大士　蛯原昇
安永智洋　鍋田匠伴　榊原僚　佐竹祐哉　廣内悠理　梅本翔太　奥田千晶　田中姫菜　橋本莉奈　川島理
渡辺基志　庄司知世　谷中卓
Assistant Staff_____俵敬子　町田加奈子　丸山香織　小林里美　井澤徳子　藤井多穂子　藤井かおり　葛目美枝子　伊藤香
常徳すみ　鈴木洋子　片桐麻季　板野千広　山浦和　住田智佳子　竹内暁子　内山典子

Productive Group
Staff_____________藤田浩芳　原典宏　林秀樹　三谷祐一　石橋和佳　大山聡子　大竹朝子　堀部直人　井上慎平　林拓馬
塔下太朗　松石悠　木下智尋

E-Business Group
Staff_____________松原史与志　中澤泰宏　中村郁子　伊東佑真　牧野類　伊藤光太郎

Global & Public Relations Group
Staff_____________郭迪　田中亜紀　杉田彰子　倉田華　鄧佩妍　李瑋玲　イエン・サムハマ

Operations & Accounting Group
Staff_____________山中麻吏　吉澤道子　小関勝則　池田望　福永友紀

撮影_____________糸井康友／疋田千里（カバー）
本文デザイン______LILAC（今住真由美）
DTP_____________NOAH
編集・制作________バブーン株式会社（茂木理佳、矢作美和、川上萌）
画像協力__________Fotolia　http://jp.fotolia.com/
© kazoka303030/stokkete/kilala/HAL/BRIAN_KINNEY/japolia/Bananafish/kai/TAGSTOCK1/dream79/
BRAD/pbombaert/icarmen13-Fotolia.com
Special Thanks to_松原英志郎
Proofreader_______SORA企画／文字工房燦光

Printing__________大日本印刷株式会社

ISBN978-4-7993-2006-8